# 신나는 초등돌봄교실 만들기

김지영 지음

아이북

| 초판 1쇄 발행일 | 2014년 11월 26일 |
| --- | --- |
| 초판 4쇄 발행일 | 2021년 2월 25일 |

**지은이**     김지영
**그림작가**     표정수
**본문·표지 디자인**     김지연
**책임편집**     권선근
**마케팅**     김정희

**펴낸이**     권성자
**펴낸곳**     도서출판 아이북

**주　소**     04016 서울 마포구 희우정로13길 10-10, 1F 도서출판 아이북
**전　화**     02-338-7813~7814
**팩　스**     02-6455-5994
**출판등록번호**     10-1953호 등록일자 2000년 4월 18일
**이메일**     ibookpub@naver.com
**홈페이지**     www.makingbook.net

ⓒ김지영, 2014 Printed in Seoul, Korea

값 20,000원

ISBN 978-89-89968-82-5   13370

\* 잘못된 책은 교환해드립니다.

\* 이 책의 게재된 모든 텍스트와 일러스트 및 사진자료는 저작권자의
　허락없이 무단전재와 무단복재를 할 수 없습니다.

🌱 책을 펴내며

## 가슴 뛰게 하는 아이들과 함께
## 돌봄선생님의 숨은 행복 찾기

인디언의 기우제를 아세요?

비가 올 때까지 계속 지내기……. 당연히 성공률 100%. 인디언들처럼 제가 좋은 선생님이 될 때까지, 좋은 책을 쓸 때까지 계속하면 좋겠지만 아이들은 저를 기다려주지 않고 무럭무럭 자라며 책도 한 번 활자로 찍어내면 돌이킬 수 없습니다. 후회가 되어도 다시 고칠 수 없고, 되돌릴 수 없는 일……. 이런 점에서 아이를 길러내는 것과 책을 쓰는 점은 비슷한 것 같습니다.

### "내가 책을?" "그래, 한 번 해보자!"

처음 돌봄교실 이야기를 써 보는 것이 어떻겠느냐는 제의를 받고, 과연 잘 해낼 수 있을까 싶어 스스로 많이 염려스러웠습니다. 하지만 바쁜 일상 속에서도 제 머릿속에서는 이미 책의 내용을 구상하며 열심히 쓰고 있더군요.

'그래, 한 번 해보자! 그런데 어떤 내용을 쓰지? 어떻게 쓰면 정말로 돌봄선생님들께 도움이 될까?' 고민했습니다. 돌봄교실 운영에 대한 전반적인 이야기, 학교와 돌봄교실에서 겪은 실제의 이야기를 쓴다면 이것도 의미 있는 일이라 생각했습니다. 그래서 처음 돌봄교실에 근무를 시작했을 때 힘들었던 부분부터 써 내려 갔습니다.

제 욕심 같아서는 이 책만 펴면 근무를 시작하는 첫 날은 무엇부터 하는지, 결재는 어떤 문구로 어떻게 올려야 하는지, 일과운영은 어떻게 하는 것이 좋을지에 대한 사항을 친절하고, 자세하게 알려주는 '도깨비 방망이' 같은 책을 쓰고자 했지만 그것은 저의 큰 착각이었고, 지역에 따라서 또 학교마다 처한 상황과 여건이 다르기 때문에 그런 책은 불가능하다는 걸 알았습니다.

책을 써내려 갈수록 보편적으로 적용이 되는 사항을 기본으로 하여 쓰게 되더군요. 또한 앞으로 '학교의 자율성 확대'는 더욱 커질 전망입니다. 하지만 돌봄교실의 운영이 어떻게 바뀐다고 하더라도 기본을 충실하게 알고 계신 선생님이라면 당황하지 않고, 그 상황에 맞게 주관을 가지고 잘 운영하시리라 믿습니다.

### 동료 돌봄선생님과 아이들을 생각한 즐거운 작업

이 책은 실용서이긴 하지만 제가 학교에 근무한 경험과 직접 돌봄교실에서 아이들과 활동해 본 경험, 그리고 제 이야기가 더 많이 담겨 있기 때문에 쉽게 읽히실 것입니다.

책을 쓰는 일로 저는 한 뼘쯤, 아니 두세 뼘쯤 성장했으며 즐거웠습니다. 책을 쓰고 있는 동안 평생에서 가장 많은 책을 읽으며 주말이면 도서관에서 살았고, 돌봄교실 프로그램과 아이들의 발달 단계, 초등교육자료 등으로 제 책상은 차고 넘쳤습니다. 다양한 자료를 정리하고 하얗게 밤을 새며 글을 쓰다 새벽을 맞는 일은 즐거운 경험이었습니다.

제가 성장하고 즐거웠던 시간만큼 우리 돌봄선생님들과 돌봄선생님이 되려고 준비 중이신 분들께 이 책이 조금이나마 도움이 된다면 저에게는 정말로 가슴 벅찬 일이 될 것입니다.

끝으로 돌봄교실 운영에 관한 바른 방향을 가르쳐 주시고 늘 따뜻한 시선으로 지켜봐 주신 학교의 여러 어른들과 아낌없이 자료를 내어준 선생님들, 이렇게 한 권의 책으로 만들어지기까지 도움을 주신 많은 분들께 고마운 마음을 전합니다. 진심은 전해진다고 믿습니다. 사랑합니다!!∞

"각기 다른 재능과 개성을 가지고 있는 우리 아이들……. 제 몫은 너끈히 해내고도 남을 훌륭한 인재로 성장하리라는 것을 믿어 의심치 않기! 아이들 성장에서 내게 주어진 시간만큼은 매 순간 진심을 담아서 온 마음으로 최선을 다하기!"

양지 바른 언덕에 있는 우리 학교, 해오름돌봄교실에서
김지영 올림

## 차례

### 조회시간

### 1교시
### 초등돌봄교실, 넌 정체가 뭐니?

**주제 1. 초등돌봄교실이 궁금해요**
돌봄교실은 어떤 역할을 하나요? • 15
돌봄교실은 어떻게 분류해요? • 16
돌봄교실은 어떻게 변화하고 있나요? • 18

**주제 2. 초등돌봄선생님이 궁금해요**
초등학교에서 어떤 위치인가요? • 19
돌봄선생님은 어떤 자격을 갖춰야 하나요? • 20
돌봄선생님은 어떤 일을 하나요? • 20
★ 알토란 정보 : 초등돌봄선생님에 도전해 볼까요? • 22

**주제 3. 초등교육의 트렌드가 궁금해요**
초등교육과정에 대하여 알고 갈까요? • 25
초등교육의 새로운 흐름이 뭐예요? • 29

### 쉬는 시간 1
지영샘, 돌봄 초보기 : 맨날 질질 짜고 다니다 • 32

### 2교시
### 얘들아, 도대체 왜들 이러니?

**주제 1. 우리 아이들에게 관심을!**
　아이들의 정서 안정을 위해 기본적으로 갖출 것 • **39**
　쌤, 현재 우리들의 상태는요~ • **40**
　그러니까 이렇게 지도해 주세요 • **43**

**주제 2. 별난 아이들에게 더 관심을!**
　모든 문제행동 지도의 기본을 알 것 • **47**
　쌤, 저를 도와주세요, 제발~ • **48**
　★ 알토란 정보 : 전문적인 치료가 필요한 아이들도 있어요 • **55**

**주제 3. 긍정적이고 명랑한 교실로!**
　이야기꽃이 피는 교실로~ • **60**
　자존감이 쑥쑥 올라가는 교실로~ • **62**
　함께 머물고 싶어지는 교실로~ • **63**
　이벤트가 많은 교실로~ • **66**

### 쉬는 시간 2
지영쌤, 진심으로 후회하다 : 언제나 온 마음을 바칠 것! • **68**

## 3교시
### 재밌는 교실, 다양한 활동을 하자!

**주제 1. 기본 교육활동**
  기본 생활습관 지도 • 76
  안전교육 • 80
  숙제 및 학습 지도, 독서교육 • 86

**주제 2. 창의·체험활동**
  NIE • 92
  메이킹북 • 96
  미술 • 98
  요리 • 103
  음악, 과학, 교구활동, 영어회화, 컴퓨터 • 106

**주제 3. 신체활동**
  체육, 게임, 전통놀이, 요가 등 • 114
  ★알토란 정보 : 교실에서 할 수 있는 재미있는 게임 • 120

### 쉬는 시간 3
지영샘, 프로포즈 받다!! : 그런데 네 엄마가 원하실까? • 122

## 4교시
## 돌봄교실의 365일

주제 1. 신학기 준비(2월 말) • **127**

주제 2. 학기 초(3월) • **132**

주제 3. 1학기(3월~8월 말) • **134**

주제 4. 2학기(9월~다음해 2월 말) • **138**

★알토란 정보 : 돌봄교실의 비치 서류와 기안문 작성 방법 • **142**

## 점심시간… 수다 떨자
지영샘은 섬마을 선생님? : 밤하늘엔 별이 쏟아지다! • **146**

## 5교시
## 우리, 같이 고민하자!

주제 1. 돌봄교실 운영에 대한 고민 • **153**

주제 2. 학생 지도에 대한 고민 • **160**

주제 3. 돌봄선생님의 처후와 관련된 고민 • **167**

## 종례시간
지영샘이 후배 돌봄선생님들에게 전하고 싶은 이야기 • **170**

★악보 : 돌봄교실송 • **173**

★참고문헌 • **174**

★부록 : 돌봄교실 서류 양식의 예 • **178**

아, 아, 에……
오늘의 일정에 대해서 말씀드리겠습니다!

맞벌이를 하시는 부모님 입장에서 아이가 유치원(어린이집)을 다닐 때는 퇴근시간까지 맡아주기 때문에 그나마 직장 다니기가 수월했습니다. 그런데 초등학교에 아이를 보내려니 학교가 생각보다 빨리 끝나서 아이의 오후시간을 어떻게 해야 하나 하는 문제로 많은 고민을 하십니다. 아이를 퇴근시간까지 학원을 계속 연결하여 보낼 수도 없고, 그렇다고 따로 사람을 구하기도 쉽지 않은 터에 돌봄교실에 보내면 된다고들 하는데, 돌봄교실은 학교 안에 있으니 믿고 맡길 수 있는 곳인지 궁금해 하십니다. 아이를 공부만 시키는지, 놀리기만 하는지, 시설은 어떤지, 선생님은 또 어떤지, 오후 내내 아이들을 어떻게 돌본다는 건지…….

어떤 아이들에게는 돌봄교실이 정규수업 끝나고 학원 갈 때까지 간식 먹고 숙제하고 가는 정도의 역할을 담당하지만(물론 이것도 작은 역할은 아닙니다) 또 다른 어떤 아이들에게는 아침, 중식(방학 중), 석식과 간식까지 모두 해결하는 오후의 유일한 학습기관이며 부모님이나 담임선생님보다 돌봄교실선생님과 훨씬 더 오랜 시간을 공유하고 부대끼는 공간이자 쉼터의 역할을 담당하기도 합니다. 그것도 짧게는 1년, 길게는 3~4년 이상 함께 하기도 합니다. 현재 저희 돌봄교실에 있는 4학년 아이는 1학년부터 다녔으니까 저와 4년을 함께 지내고 있는 셈입니다.

아이들의 성장에 있어 막중한 임무를 띠고 있는 돌봄선생님……. 어떻게 아이들과 오후시간을 보낼까 많이 고민을 하게 됩니다. 선생님마다 생각이 다르시겠지만 제가 내린 결론은 '내가 이 아이들의 엄마라면 어떻게 오후시간을 보낼까'였습니다. 저는 엄마의 입장이 되어 보기로 했습니다. 그게 정답은 아닐 수 있지만 최선일 수 있으니까요.

초등학교 아이들의 방과후 가장 바람직한 모습이라면 '엄마가 아이들을 반갑게 맞아 맛있는 간식 먹이고 숙제하고 놀이터에서 신나게 놀고, 재밌는 활동 한두 가지 하는 것'이라고 생각했습니다. 그래서 저는 돌봄교실의 운영도 거기에 맞춰 일과를 계획하려 합니다.

이 책은 학교의 일과처럼 써보았습니다.

조회시간으로 시작하여 1교시에는 돌봄교실이 현재 어떻게 운영되고 있으며 돌봄선생님의 역할은 무엇인지, 또 돌봄교실이 초등학생을 대상으로 하는 만큼 초등학교의 교육과정과 새로운 교육의 흐름에 대해서 알아보고자 합니다.

2교시에는 초등학생의 전반적인 발달 단계와 그에 맞는 지도법, 문제행동을 보일 때 지도하는 방법과 긍정적이고 명랑한 교실을 만들기 위한 방법에는 어떤 것이 있는지 이야기하고, 3교시에는 돌봄교실에서 할 수 있는 재밌고 다양한 프로그램에 대해서 알아보고자 합니다.

4교시에는 돌봄교실의 365일을 되짚어 보면서 처리해야 할 일들에 대해서 알아보고, 마지막 5교시에는 제가 돌봄교실 인터넷 카페를 운영하면서 우리 선생님들께서 가장 많이 고민하고 계시는 부분에 대하여 이야기할까 합니다. 그리고 쉬는 시간과 점심시간에는 제가 학교와 돌봄교실에서 겪은 이야기들을 가볍게 써보았습니다.

자, 그럼 이제 시작해 볼까요?

Let's Go!!

# 1교시 초등돌봄교실, 넌 정체가 뭐니?

- 주제 1. 초등돌봄교실이 궁금해요
- 주제 2. 초등돌봄선생님이 궁금해요
- 주제 3. 초등교육의 트렌드가 궁금해요

# 초등돌봄교실!

도대체 어떤 곳일까요? 학교 정규수업을 마친 아이들을 부모님 오실 때까지 돌봐주는 곳이라는데 그러면 여기는 보육하는 곳일까요, 교육하는 곳일까요?

요즘 아이 키우는 부모님들께서 관심을 갖는 것 중 하나가 '방과후 초등돌봄교실의 확대 운영'입니다. 맞벌이 부모님은 물론 자기 계발을 위한 시간을 가지고 싶어 하시는 어머니들께서도 궁금해 하시니 돌봄교실에 대한 관심이 커진 것은 당연한 일이겠죠.

'나홀로 학생(교육비 지원 대상 학생은 물론 오후에 돌봐줄 사람이 없는 맞벌이부부의 자녀나 한부모 가정, 조손가정 등의 학생)' 즉 방과후에 돌봄을 필요로 하는 아동은 계속 늘어나고 있는 추세입니다. 이 아이들을 방치할 경우 무서운 범죄(유괴, 성폭행 등)의 표적이 될 수 있으며, 어른의 보살핌 없이 혼자 있음으로 해서 게임 중독이나 불량식품으로 끼니를 해결하는 등의 문제들이 야기됩니다. 이러한 문제들로부터 우리 아이들을 건강하게 키워내기 위하여 사교육이 아닌 공교육의 연장선상에서 돌봄교실은 꼭 필요한 곳이 되어 확대 운영되고 있습니다.

1교시에는 첫 번째로 돌봄교실은 어떤 역할을 하며, 지역과 학교 상황에 따라서 조금씩 차이는 있지만 돌봄교실 운영시간과 장소에 대한 분류를 알아보고, 그동안 돌봄교실이 어떻게 확대 운영되어 왔는지에 대하여 알아보려고 합니다.

두 번째로 돌봄선생님은 학교에서 어떤 위치인지 초등학교의 인적 구성을 알아보고, 또 돌봄선생님이 되기 위해 필요한 자격과 맡게 되는 업무를 살펴보겠습니다. 앞으로 돌봄교실 선생님이 되려고 준비하시는 분이 이 글을 읽는다면 필요한 절차와 과정, 더불어 어떤 노력이 필요한지 이해가 되실 거라고 생각합니다.

세 번째로 '초등학교 교육과정' 전반에 대한 이해와 교육의 새로운 흐름에 대해 이야기를 하려고 합니다. 돌봄교실은 초등학생을 대상으로 하기 때문에 돌봄선생님들께서 꼭 알아두셔야 하는 부분입니다.

# 주제1 초등돌봄교실이 궁금해요

돌봄교실은 사교육비 경감과 방과후 '나홀로 학생'의 안전을 위하여 시작되었으며 그 수요가 늘어나면서 돌봄교실도 점차 확대 운영되고 있습니다.

2014년 2월 돌봄교실에 다니기를 희망하는 모든 학생들을 무상(식비만 수익자 부담, 저소득층은 무료)으로 수용하겠다는 정부의 계획이 발표되면서 전국 대부분의 초등학교에서는 돌봄교실을 새로 만들거나 기존 교실을 리모델링하는 등 돌봄 수요에 맞추고자 공사에 여념이 없었고, 이에 따른 부작용(짧은 기간 내에 돌봄교실을 만들어 시설 미비나 확대 운영에 따르는 문제)으로 인해서 매스컴에서는 돌봄교실의 준비 부족에 대해서 부정적인 평가가 많았습니다.

하지만 '방과후 돌봄 서비스'는 이제 외면할 수 없는 국가적 사업이며 이렇게 돌봄교실의 수요가 늘어나는 것은 그동안 돌봄교실의 바람직한 운영에 대한 연구와 많은 예산이 투입되었고, 또한 양질의 돌봄선생님들이 열정을 가지고 돌봄교실을 꾸려와서 학부모님들의 만족도가 높아졌기 때문입니다. 확대 운영에 따른 질적인 문제가 많이 야기되었지만 운영이나 행정적인 문제는 상황에 맞게 조금씩 수정해 나가고, 또 우리 돌봄선생님들이 좋은 프로그램과 열정으로 운영해 나간다면 돌봄교실은 방과후 내 아이를 믿고 맡길 수 있는 곳, '학교 속의 우리 집'으로 확고히 자리매김할 것입니다.

## 돌봄교실은 어떤 역할을 하나요?

> 돌봄교실은 돌봄을 원하는 학생들의 방과후 오후시간을 교육과 보육이 조화를 이루는 가운데 안전하고 건강하며 유익하게 책임지는 역할을 합니다.

● 안전한 생활이 되도록 합니다.

자칫 방과후 방치될 수 있는 학생들을 안전하게 보호합니다. 하교를 한 아이들이 혼자 위험하게 놀거나 혹은 시간 떼우기 식의 학원을 여기저기 보내지 않아도 됩니다. 이로 인한 경제적인 문제도 발생하지만 꼭 필요한 것이 아니면 아이들도 지치며 무기력증에 빠지기도 합니다. 돌봄교실은 이런 상황으로부터의 고민을 해결해 줍니다.

● **건강한 생활이 되도록 합니다.**

학기 중에는 간식과 석식을 제공하고, 방학 중에는 중식까지 제공함으로써 자라나는 아이들의 신체 발달에 부족하지 않도록 하며 함께 식사함으로써 편식을 줄이고, 바른 식습관을 익히도록 합니다. 또한 신체활동을 통해서 스트레스를 해소하고, 신체 발육을 도와 몸과 마음이 건강한 어린이가 되도록 합니다.

● **인성교육이 이루어집니다.**

또래는 물론 다양한 학년들과 생활하면서 함께 즐겁게 노는 법, 도움을 주고 도움을 받는 법, 양보하고 배려하는 법 등 긍정적인 인간관계를 형성하도록 돕습니다. 또한 기본 생활습관을 몸으로 익히도록 하며, 안전교육을 통하여 자기 몸을 스스로 지키도록 배웁니다.

● **기초학력을 길러 줍니다.**

교과 지도 지원과 숙제 지도를 통하여 기초학력을 탄탄하게 길러 줍니다. 다른 친구들과 함께 스스로 공부를 하다 보면 자기주도학습 능력도 쑥쑥 자라는 것을 볼 수 있습니다.

● **교육 복지를 실현합니다.**

기초학력 향상을 위한 학습 지원을 통하여 소득의 양극화로 인해 발생되는 교육의 격차를 줄여 줍니다. 다양한 프로그램 운영을 통해 평등하고 질 높은 교육복지가 실현되는 역할을 합니다.

## 돌봄교실은 어떻게 분류해요?

돌봄교실은 운영시간과 장소에 따라 분류할 수 있습니다.
돌봄교실은 365일(토, 일, 법정공휴일 제외), 학생들이 희망하는 시간에 이용할 수 있으며, 학기 중에는 아침·오후·저녁돌봄, 방학 중에는 오전·오후·저녁돌봄이 운영되고, 지역에 따라서는 토요돌봄교실이 운영되기도 합니다.

● 운영 시간에 따른 분류

❶ 아침돌봄(06 : 30 ~ 09 : 00)

운영 : 학교의 정규수업일(연 190일 이상)

대상 : 희망하는 모든 전교생(조기등교 학생을 위한 안전한 돌봄 서비스)

❷ 오후돌봄(정규수업이 끝난 후~17:00. 학교 여건에 따라 탄력적 운영 가능)

운영 : 365일(토, 일, 법정공휴일 제외)

대상 : 돌봄교실 참여 희망자

❸ 저녁돌봄(17 : 00 ~ 22 : 00)

운영 : 365일(토, 일, 법정공휴일 제외)

대상 : 오후돌봄에 참여한 학생 중 추가돌봄이 필요한 '나홀로 학생' 위주

저녁돌봄은 오후돌봄의 연장이므로 저녁돌봄만 따로 신청할 수는 없음

❹ 오전돌봄(07 : 00 ~ 13 : 00)

운영 : 정규수업이 없는 방학기간, 자율휴업일에만 운영

대상 : '나홀로 학생' 등 돌봄을 필요로 하는 학생

★'나홀로 학생' : 저소득층 · 한부모 · 맞벌이 가정 등 돌봄을 필요로 하는 학생

● 운영 장소에 따른 분류

❶ 전용교실

운영 : 아침돌봄(방학 중에는 오전돌봄), 오후돌봄, 저녁돌봄이 이루어지는 거점교실

특징 : 유휴교실을 리모델링하여 돌봄교실로만 쓰이며 겸용교실의 허브 역할

❷ 겸용교실

운영 : 오후돌봄이 이루어지는 교실

특징 : 유휴교실이나 유휴교실이 없는 경우 오전에는 특별실(보건실, 다목적실 등) 및 일반교실로 쓰고, 오후에만 돌봄교실로 활용

## 돌봄교실은 어떻게 변화하고 있나요?

'방과후 돌봄 서비스'는 교육부에서 운영하는 초등학교 안의 '초등돌봄교실'도 있지만 보건복지부에서 운영하는 '지역아동센터', 여성가족부에서 운영하는 '청소년 방과후 아카데미'와 '아이돌봄서비스'가 있습니다. 그래서 돌봄 서비스는 학교와 지자체 및 지역돌봄기관 간 유기적인 협력 체제를 구축하여 수요자(돌봄을 필요로 하는 학생과 학부모) 중심으로 양질의 서비스를 제공하고자 추진되고 있습니다.

- **2004년**: 사교육비 경감대책의 일환으로 초등 탁아수요를 흡수할 수 있는 초등 저학년 '방과후 교실' 운영에 관한 정책을 제시
- **2006년**: 교육인적자원부가 '2006 방과후학교 운영계획'을 수립하여 초등보육 프로그램을 신규로 400개교 선정·운영
- **2010년**: 초등보육교실과 종일돌봄교실을 '초등돌봄교실'로 통합하여 운영
- **2011년**: 돌봄교실 운영시간을 연장한 '엄마품 온종일 돌봄교실' 시범 운영

※ 출처: 한국교육개발원(2013). '엄마품 온종일 돌봄교실' 운영 실태 및 개선 방안.

- **2013년 4월**: 전국 97.3%의 초등학교(5,784교)에서 돌봄교실(7,395실) 운영
- **2014년 1월**: 돌봄교실이 있는 학교는 전국 5,784개교에서 5,911개교로, 돌봄교실 수는 7,395실에서 11,378실로 확대 운영(2014. 01. 27 교육부 발표)
- **2014년 4월**: 개학 이후 돌봄교실에 대한 추가 희망 학생을 수용하기 위해 1,193개의 돌봄교실(전용 250개, 겸용 943개) 추가 설치(2014. 04. 08 교육부 발표)

## 주제2 초등돌봄선생님이 궁금해요

돌봄선생님의 정식 명칭은 '돌봄전담사'로 교육청 지침에 의하면 우리는 '돌봄교실 프로그램의 운영과 아동의 보호, 교실관리, 관련 보고, 기타 돌봄교실 관련 업무 등을 전담하는 인력'이라고 명시되어 있습니다. 즉 돌봄교실 아이들의 오후시간을 책임지며(방학 중에는 오전까지) 그에 따르는 모든 제반 업무를 보신다고 생각하시면 됩니다.

일반 학급도 마찬가지지만 돌봄교실 아이들은 어떤 돌봄선생님을 만나느냐에 따라서 정말 다릅니다. 긍정의 에너지가 넘치며, 열정이 있어 새롭고 재미난 활동으로 아이들과 함께 유익한 시간을 가지고, 모두에게 공정하고 친절한 선생님을 만난다면 정말 복 받은 아이들일 것입니다. 또한 운영자의 입장에서 보면 학부모 관리, 교실환경, 돌봄교실의 업무까지 척척 해낸다면 정말 최고의 선생님이겠죠?(아, 어렵다!!😊)

### 초등학교에서 어떤 위치인가요?

학교에는 선생님만 계실 것 같지만 알고 보면 다양한 직종의 사람들이 근무하고 있습니다. 돌봄선생님은 '학교회계직'에 속합니다. '회계직'이라고 하면 돈 관리하는 사람 같아 보이지만 그렇지 않고, 아래에서 보시는 바와 같이 다양한 직종이 있습니다.

학교는 여러 사람이 근무하는 만큼 다채로운 일들이 발생하는 곳입니다. 그래서 내 교실의 일만 잘하면 될 것 같지만 전혀 그렇지 않습니다. 학교 내 모든 사람들과의 관계에서 내가 더 손해보고 양보하면서 아름다운 관계를 유지해야 함은 원만한 학교생활을 하시는 데 있어 기본입니다. 항상 웃는 얼굴로 모든 교직원을 대하시고 필요하면 여쭤보시는 일을 어려워하지 마세요. 학교는 가르치고 배우는 곳이니까요.

- 교　　직 : 교장, 교감, 교사
- 일 반 직 : 행정실장, 주무관
- 학교회계직 : 돌봄전담사, 교무실무사, 행정실무사, 과학실험실무사, 전산실무사, 특

수교육실무사, 배식실무사, 사서실무사, 교무행정지원사, 전문상담사, 지역사회교육전문가 등
 - 기타 : 원어민강사, 스포츠강사, 부진아강사, 코디맘, 학교보안관, 배움터지킴이 등
★학교가 국립·공립·사립학교인지, 혁신학교인지, 교육복지투자학교인지에 따라서 또한 전체 학급 수에 따라 종사하는 인원과 종사자가 조금씩 다르고, 지역에 따라서 부르는 명칭도 다를 수 있습니다.

## 돌봄선생님은 어떤 자격을 갖춰야 하나요?

> 돌봄선생님이 되시려면 먼저 유·초·중등교사 자격증이나 보육교사 2급 이상의 자격을 보유하고 계셔야 합니다. 또한 학생 지도에 대한 노하우와 다양한 프로그램 지도가 가능하며, 돌봄교실에서 필요한 업무 능력을 갖추고 계셔야 합니다. 건강한 신체, 긍정적인 마음 자세, 배우고자 하는 열정은 기본입니다.

 - 아래의 ❶ 또는 ❷의 자격증을 소지한 자
  ❶ 초·중등교육법, 유아교육법에 의거한 유·초·중등교사 자격증을 소지한 자
  ❷ 영유아보육법 제21조에 의거한 보육교사 1, 2급 자격증을 소지한 자
 - 국가공무원법 제33조의 결격사유에 해당하지 아니한 자
 - 아동·청소년 성보호에 관한 법률 제44조에 의한 범죄경력 조회 결과 취업이 제한되지 아니한 자

## 돌봄선생님은 어떤 일을 하나요?

> 돌봄선생님의 업무는 생각보다 많습니다. 아이들을 지도하는 것만 생각하셨다면 정말 큰 착각이 아닐 수 없습니다. 아이들이 돌봄교실에서 행복할 수 있도록 재미있고 유익한 활동을 하는 '교육'은 물론 가정처럼 따뜻하고 편안한 분위기와 건강을 생각한 '보육'까지 책임지셔야 합니다. 또한 그에 따르는 제반사항은 돌봄선생님의 업무에 들어간

다고 생각하시면 됩니다. 많다면 많은 일이지만 한 발 앞서서 생각하면서 계획하고 처리하면 즐겁고 보람된 일입니다.

여기서는 대략적인 업무의 유형만 살펴보겠습니다. 하나하나 자세한 내용은 앞으로 이 책에서 계속 반복하여 나옵니다.

★지역에 따라서 또 학교에 따라서 돌봄선생님들의 업무는 조금씩 다릅니다.

● 학생 지도

- 교과 지도 지원 : 숙제 지도, 받아쓰기, 기초학력 향상을 위한 학습 지원
- 프로그램 운영 : 미술, 과학, 독서, 영어, 한자, 컴퓨터, 체육, 요리, 게임 등
- 기본 생활습관 지도 : 준법, 자주, 예절, 배려, 청결, 절약 등
- 안전 지도 : 귀가안전, 소방안전, 교통안전, 성폭력 예방, 재난대비, 유괴방지교육 등
- 간식 및 중식·석식 지도 : 식사예절, 편식 지도, 영양교육 등
- 자유선택활동 지도 : 보드게임, 블록 및 역할놀이, 미술활동, 독서 지도 등
- 체험학습 : 체험학습장소 답사 및 학생 인솔, 보고 및 결산 등
- 환경구성 : 환경구성, 시설안전 점검 및 관리, 물품관리, 위생·청결관리 등

● 학부모 관리

- 학부모 상담 : 학부모의 요구 파악, 전화상담 및 면담
- 신입생 오리엔테이션 및 학부모 간담회
- 만족도 조사 : 연 2회 만족도 조사를 실시하여 그 결과를 돌봄교실 운영에 반영

● 교육 관련 업무

- 연간 운영계획서의 작성 : 교육계획(안전교육 포함), 예산운용 등이 포함되도록 작성
- 주간교육계획안, 방학계획안, 일일운영일지, 상담일지, 출석부 등 작성
- 간식계획표, 중식·석식계획표 작성
- 신입생 관련 : 안내문, 신청서 작성 및 학생 모집
- 학습교재 교구 및 관리 : 교재교구 선정 및 구입, 품의서 작성, 보관, 폐기
- 학교 홈페이지 관리 : 가정통신문, 교육계획안, 활동 사진 탑재

● 행정 관련 업무

- 교육청, 지자체의 공문처리 : 내용에 따라 분류, 처리, 보고

- 돌봄교실 예산에 관한 업무
- 학교운영위원회 심의자료 준비

● 보조인력 관리 업무

- 돌봄보조사(학급당 인원이 많은 경우 채용)와 협력
- 특기적성강사 관리 : 무료·유료 프로그램의 선정, 계획, 강사와 협력
- 석식 보조인력과 협력
- 대학생 등 자원봉사자 관리 : 멘토링, 예산이 배정될 경우는 예산 사용 및 정산 보고

● 지역사회 연계

- 지역아동센터, 청소년 방과후 아카데미, 아이돌봄 서비스 등과 연계·협력

## ♥ 초등돌봄선생님에 도전해 볼까요?

몇 해 전부터 '보육교사 자격증 따기' 바람이 불어서 전업주부이신 분들도 자격증을 많이 따셨습니다. 보육교사 자격증(2급 이상)이 있으면 어린이집이 아닌 초등학교의 돌봄교실에서 근무할 수 있다는데, 예전에 아이 키울 때는 몰랐던 돌봄교실…….

초등학생을 대상으로 교육해야 하는데 대학 다닐 때 따놓은 중등교사 자격증이나 보육교사 자격증만 가지고도 내가 아이들을 잘 돌볼 수 있는지, 학교 일은 잘 해낼 수 있는지 의문이 생깁니다.

돌봄선생님은 초등학교에서 근무하는 것이 좋고, 아이들과 함께 생활하시는 것이 적성에 맞는다고 판단되시면 충분히 보람되고, 행복한 직업이라고 생각합니다.

그렇다면 이제 초등돌봄선생님에 도전해 볼까요?

일단 교사자격증 '유·초·중등교사나 보육교사 1~2급(보육교사 3급은 안 됨)'은 기본입니다. 거기에 학생 지도와 돌봄교실에서 필요한 업무 능력을 쌓으면서 준비하시면 좋겠습니다. 어떤 준비와 노력을 해야 하는지 살펴볼까요?

## 🌸 경력 있는 선생님이 유리합니다.

학교에서 강사로 근무한 경력이나 유치원, 지역아동센터 등에서 일한 경력, 또는 돌봄교실에서 보조교사, 오전강사 등으로 일하신 경험이 있으면 유리합니다.

'경력 단절여성'이시라면 직접 돌봄교실이나 센터에 가서서 '교육봉사'라도 하시면 좋겠습니다. 비슷한 기관에서 일하시다 보면(봉사라도) 정보도 빨리 얻게 되고, 일에 대한 자신감도 붙습니다. 이것저것 자격증 따는 것에만 매달리시는 선생님들이 의외로 많으십니다. 민간자격증이 있으면 물론 도움이 되겠지만 그것보다는 실무를 쌓으시는 게 훨씬 더 도움이 됩니다.

## 🌸 컴퓨터 관련 자격증 정도는 있으면 좋습니다.

앞에서 돌봄선생님의 업무를 보셔서 아시겠지만 컴퓨터와 친하셔야 합니다. 한글 문서 작업은 능숙하셔야 하고, 엑셀과 파워포인트, 포토샵 작업은 능숙하실 필요까지는 없지만 어느 정도는 다루실 수 있어야 선생님께서 일하시기 수월하십니다. 컴퓨터가 아무리 능수능란하다고 해도 그것을 이력서에 입증할 수는 없기 때문에 컴퓨터 관련 자격증이 없으면 준비하세요.

## 🌸 원하는 교육지원청의 '구인공고' 난을 눈여겨 보세요.

각 해당 지역 교육지원청에도 공고가 나지만 서울의 경우에는 '서울시 교육청 방과후학교' 홈페이지에 가시면 '강사구인정보' 난이 있습니다. 내가 원하는 자리가 있는지 자주 확인하세요. 해당 학교 홈페이지에도 함께 구인공고가 납니다.

## 🌸 이력서와 자기소개서를 훌륭하게 작성하셔야 해요.

어떻게 생각하실지 모르겠지만 돌봄선생님이 되고자 하는 사람은 굉장히 많습니다. 자격증을 갖고 있는 사람이 많다는 뜻이지요. 예를 들어 이력서를 제출하는 사람이 20명이라고 할 때 면접은 보통 3~5명을 봅니다. 그렇다면 20장의 이력서에서 3~5등 안에 들어야 한다는 뜻이지요? 그러므로 이력서를 잘 작성하셔야 합니다.

일단 이력서에 붙이는 사진을 잘 찍으세요. 돌봄교실에 와 보시면 아시겠지만 돌봄선생님들은 다 미인입니다. ∞ 어쨌든 잘 나온 사진(정갈한 옷차림과 깔끔한 헤어스타일, 애정이 넘치고, 자신감 있는 표정……)을 붙이신 다음 거짓으로 작성되면 안 되겠지만 나의 자격이나 경력(특히 교육에 관련된 경력)을 빠뜨리지 말고 기재하세요. 또 자기소개서에는 돌봄교실에서 근무하게 되면 어떤 자세로 할 것인지 계획이나 방향을 적으시고, 왜 나를 뽑아야만 하는지, 내가 얼마나 놓치기 아까운 사람인지에 대해서 솔직하게 기술하시면 됩니다.

### 🌸 이력서 통과해서 면접보라고 연락이 왔어요.

면접을 보러 가실 때는 잘 아시겠지만 단정하고 최대한 예쁘게 하고 가셔야 합니다. '온화한 미소'는 기본이고, 자신감 넘치는 얼굴로 아는 것을 질문하시면 당당히 대답하시고, 혹시 모르는 것을 질문하셔도 모른다고 솔직히 말씀하시고, 알아보겠다, 더 공부하겠다 등으로 대답하시면 됩니다. 영어로 질문하는 것도 아닌데 걱정하지 마시고, 돌봄교실에 근무하게 되면 어떻게 할 것인지에 대한 계획과 포부, 교육관, 스트레스 해소방법 정도의 답변을 준비해 가시면 됩니다.

### 🌸 면접까지 봤는데, 학교에서 연락이 안온다구요?

연락이 안 온다고 절대 내가 능력이 없어서 그런 것은 아닙니다. 단지 나하고 맞지 않는 학교라고 생각하시고, 자리 날 때마다 이력서 넣으세요. 준비하고 계시면 나와 꼭 맞는 좋은 인연을 가진 학교가 반드시 나타날 거예요. 화이팅!!!

## 주제3  초등교육의 트렌드가 궁금해요

돌봄교실은 초등학생을 대상으로 합니다. 그렇기 때문에 현재 초등학교의 교육과정이 어떻게 변화되었는지, 어떤 것이 중점인지 정도는 반드시 알고 계셔야 합니다. 개정된 교육과정은 '창의성과 인성'을 강조하며 '미래형 교육과정'이라 불리기도 합니다.

최근 교육계에서 이야기하는 인재상은 '바른 인성을 갖춘 창의적 융합인재'라고 말할 수 있습니다. 사람은 혼자서 살 수 없고, 사회 속에서 더불어 살아가야 하기 때문에 바른 인성을 형성하기 위한 교육과 '융합인재'란 용어에서 보듯이 여러 분야의 지식과 기술이 '통합'으로만 끝나는 것이 아니라 통합을 넘어서서 거기에 새로운 것을 창조해 내는 인재로 성장하도록 교육시켜야 합니다.

"20년 전에 우리(교사)가 받은 교육으로 20년 후를 책임질 아이들을 가르친다"는 말이 있습니다. 그동안 우리나라는 선진국을 따라가는 교육으로도 가능했지만 현재 우리의 아이들은 세계 시장을 대상으로 창의적으로 이끌어 나갈 리더로 키워야 합니다. 이를 위하여 학교와 가정에서 어떻게 실천할 수 있을지에 대하여 고민하고, 새로운 교육의 흐름을 알아보며 적용할 수 있어야 하겠습니다.

### 초등교육과정에 대하여 알고 갈까요?

2013년 1·2학년을 시작으로 '2009 개정 교육과정'이 적용되었습니다. 그래서 '2009 개정 초등학교 교육과정 총론' 정도는 숙지하시면 좋겠습니다. 아래 내용을 보시면 아시겠지만 초등학교 1·2학년의 경우 통합교과입니다. 그래서 돌봄교실에서 연간 교육과정을 편성하실 때도 학교의 통합교과 주제에 맞추어 다양한 활동을 하거나 그 내용을 심화시킨다면 더 유익하고 알찬 돌봄교실 프로그램이 될 수 있습니다.

- **2009 개정 교육과정의 교과서 적용은 4년에 걸쳐 완성됩니다.**
  - 2013년 : 초등 1·2학년 / 중1 / 영어1

- 2014년 : 초등 3·4학년 / 중2 / 영어2, 고등1
- 2015년 : 초등 5·6학년 / 중3 / 영어3, 고등2
- 2016년 : 고등3

● **'하고 싶은 공부, 즐거운 학교'를 구현하고자 합니다.**

학생의 지나친 학습 부담을 줄이고, 학습 흥미를 유발하며, 학습하는 능력을 기르고, 배려와 나눔을 실천하는 창의 인재를 양성하는 교육으로의 변화를 추구합니다.

● **'학년군'의 개념이 도입되었습니다.**

기존의 6개 학년 체제가 아닌 2개 학년씩 묶어서 '1·2학년군, 3·4학년군, 5·6학년군'의 개념을 도입함으로써 학년 간 상호 연계를 이루고자 합니다.

● **교육과정은 '교과(군)'과 '창의적 체험활동'으로 편성합니다.**

● **'교과군'의 개념이 도입되었습니다.**

기존의 교과들 중에서 근접성, 인접성, 상호 연관성을 고려하여 분류하였으며 탄력적으로 교육과정을 운영하여 수업의 비효율성을 해소하고 토론, 실험 중심으로 수업 혁신을 유도하고자 합니다.

- 1·2학년 교과(군) : 1·2학년 교과서는 '국어, 국어활동', '수학, 수학 익힘책', 그리고 '통합교과' 3가지로 줄었으며, '바른 생활', '슬기로운 생활', '즐거운 생활'이 '통합교과'가 되었습니다. 그동안 학습하던 '우리들은 1학년', '생활의 길잡이'는 없어졌고, 국어교육이 강화되었습니다.

〈초등학교 1학년 교과서〉

- 1·2학년 '통합교과'의 주제 : 통합교과는 8가지 주제로 '학교, 봄, 가족, 여름, 이웃, 가을, 우리나라, 겨울'이며, 1·2학년이 주제는 같고(첫 번째 주제만 다름), 내용만 심화되었습니다.

| 1학년 | 학교 | 봄1 | 가족1 | 여름1 | 이웃1 | 가을1 | 우리나라1 | 겨울1 |
| --- | --- | --- | --- | --- | --- | --- | --- | --- |
| 2학년 | 나 | 봄2 | 가족2 | 여름2 | 이웃2 | 가을2 | 우리나라2 | 겨울2 |

- 3·4학년, 5·6학년 : 10개 교과에서 7개 교과(군)으로 바뀌었습니다.

| 이전 10개 교과 | 국어 | 사회 | 도덕 | 수학 | 과학 | 실과 | 체육 | 음악 | 미술 | 외국어 |
| --- | --- | --- | --- | --- | --- | --- | --- | --- | --- | --- |
| 개선 7개 교과(군) | 국어 | 사회/도덕 | | 수학 | 3·4학년 : 과학<br>5·6학년 : 과학/실과 | | 체육 | 예술 | | 영어 |

● **'창의적 체험활동'은 4개 영역으로 편성되어 배려와 나눔의 실천활동을 합니다.**
  - 자율활동 : 적응활동, 자치활동, 행사활동, 창의적 특색활동 등
  - 동아리활동 : 학술활동, 문화예술활동, 스포츠활동, 실습노작활동, 청소년단체활동 등
  - 봉사활동 : 교내봉사활동, 지역사회봉사활동, 자연환경보호활동, 캠페인활동 등
  - 진로활동 : 자기이해활동, 진로정보탐색활동, 진로계획활동, 진로체험활동 등
 ❋ 정보통신 활용교육, 정보윤리교육, 보건교육, 한자교육 등은 관련 교과(군)와 창의적 체험활동 시간을 활용하여 특정 학년군이나 특정 시기에 운영할 수 있습니다.

● **시간 배당 기준은 연간 34주를 기준으로 2년간의 기준 수업시수를 제시하였습니다.**

| 구 분 | 1·2학년 | 3·4학년 | 5·6학년 |
| --- | --- | --- | --- |
| 국어 | 448 | 408 | 408 |
| 수학 | 256 | 272 | 272 |
| 사회/도덕 | 바른 생활 : 128<br>슬기로운 생활 : 192<br>즐거운 생활 : 384 | 272 | 272 |
| 과학/실과 | | 과학 : 204 | 과학/실과 : 340 |
| 체육 | | 204 | 204 |
| 예술 | | 272 | 272 |
| 영어 | | 136 | 204 |
| 창의적 체험활동 | 272 | 204 | 204 |
| 학년군별 총 수업시간 | 1,680 | 1,972 | 2,176 |

- **교육과정 편성·운영의 중점은 10가지입니다.**

  - 학교는 1학년 학생들의 입학 초기 적응 교육을 위해 창의적 체험활동의 시수를 활용하여 자율적으로 입학 초기 적응 프로그램 등을 편성·운영할 수 있습니다.
  - 학교는 모든 교육 활동을 통해 학생의 인성과 기본 생활 습관을 형성할 수 있도록 교육과정을 편성·운영합니다.
  - 각 교과의 기초적·기본적 요소들이 체계적으로 학습되도록 계획하고, 정확한 국어 사용 능력을 신장할 수 있도록 배려합니다. 특히, 기초적 국어사용 능력과 수리력이 부족한 학생들을 위해 별도의 프로그램을 편성·운영할 수 있습니다.
  - 학교의 특성, 학생·교사·학부모의 요구 및 필요에 따라 학교가 자율적으로 교과(군)별 20% 범위 내에서 시수를 증감하여 운영할 수 있습니다.
  - 초등학교에서는 학교의 여건과 교과(군)별 특성을 고려하여 학년, 학기별로 집중 이수를 통해 학기당 이수 교과 수를 감축하여 편성·운영할 수 있습니다.
  - 정보통신활용교육, 보건교육, 한자교육 등은 관련 교과(군)와 창의적 체험활동 시간을 활용하여 체계적인 지도가 이루어질 수 있도록 합니다.
  - 전입 학생이 특정 교과목을 이수하지 못할 경우, 교육청과 학교에서는 '보충 학습 과정' 등을 통해 학습 결손이 발생하지 않도록 합니다.
  - 학년을 달리하는 학생을 대상으로 복식 학급을 편성, 운영하는 경우에는 교육 내용의 학년별 순서를 조정하거나 공통 주제를 중심으로 교재를 재구성하여 활용할 수 있습니다.
  - 학교는 학생이 학년군별로 이수해야 할 학년별, 학기별 교과목을 편성하여 안내합니다.
  - 예술(음악/미술)은 음악과 미술 교과를 중심으로 편성·운영합니다.

- **평가는 학교와 지역사회의 실정, 교육 목표에 비추어 적합하게 이루어지도록 합니다.**

  - 교과(군)는 지필 평가(기본 개념 및 원리의 이해와 지식 및 정보의 획득과정과 활용 능력을 평가하도록 서술형, 논술형 평가의 비중을 늘림)와 수행평가(구술·논술 평가, 관찰 평가, 자기 평가, 상호 평가, 포트폴리오 등 다양한 평가방법을 활용)로 합니다.
  - 창의적 체험활동은 학생의 자기 평가, 상호 평가, 활동 및 관찰기록, 질문지, 작품 분석, 포트폴리오 등을 통하여 종합적으로 평가합니다.

- **학습부진 학생, 장애 학생, 귀국 학생, 다문화가정 학생 등을 위하여 학교는 특별한 배려와 지원을 해야 합니다.**

## 초등교육의 새로운 흐름이 뭐예요?

요즘 교육에서 가장 많이 듣게 되는 말은 '융합교육(STEAM)'이며 이와 함께 '다빈치형 인재'를 이야기합니다. 이는 문과와 이과를 망라한 종합적 지식을 갖춘 창의적 인재를 말합니다. 이런 인재를 길러내기 위한 교육방법은 자기주도학습과 인성교육을 바탕으로 하며 의사소통과 사고력 향상을 길러주는 토론학습, 윈윈(Win-Win)전략의 협력학습, 또한 이미 교실 안에 들어와 있는 스마트교육 등이 있습니다. 마지막으로는 최근 화제가 되고 있는 '거꾸로 교실'에 대해서도 알아보겠습니다.

- **융합교육**(STEAM : Science, Technology, Engineering, Arts, Mathematics)

'STEAM'은 과학, 기술, 공학, 예술, 수학의 첫 글자를 따서 붙인 것으로 과학과 수학은 물론 인문학, 철학, 사회학 등 다양한 학문을 자연스럽게 연계해서 학습함으로써 문과와 이과의 벽을 허물고, 이를 융합하여 사고하는 창의적 인재를 양성하고자 합니다.

최근에 '융합형 인재'를 이야기할 때 애플의 스티브 잡스(철학 전공), 페이스북의 마크 주커버그(심리학 복수 전공)의 성공 스토리가 자주 등장합니다. 이들은 인문학적 소양을 바탕으로 하여 창의적인 아이디어를 IT에 접목하였기 때문입니다.

융합교육은 그래서 인문학은 물론 수학과 과학에 대해 흥미를 갖는 것에서 한걸음 더 나아가 예술적인 요소를 추가하여 학생들의 창의성과 예술적 감성을 일깨우며, 여러 분야의 학문을 통합해서 사고하고 스스로 지식을 깨우치게 하는 능동적인 교육입니다. 또한 지식은 왜 배우는지, 어디에 사용되는지를 이해하며 실생활에서 문제해결력을 키우도록 합니다. 그래서 현재 도입된 것이 '통합교과, 창의적 체험활동, 스토리텔링 수학' 등입니다.

1·2학년은 통합교과이며 8가지 주제로 -'학교(2학년은 나), 봄, 가족, 여름, 이웃, 가을, 우리나라, 겨울'- 진행됩니다. 그러므로 돌봄교실에서도 '연간교육계획안'을 작성할 때 위의 8가지 주제를 기본으로 하여 계획안을 작성하고 이를 다양한 프로그램과 방법으

로 운영을 한다면 아이들의 흥미를 높이고, 보다 큰 학습효과를 나타낼 것입니다. 또한 한 가지 주제를 다양한 활동으로 진행을 하면 깊이가 더해질 것입니다.

예를 들어 '자석'을 주제로 한다면 과학 실험(자석에 붙는 물체와 붙지 않는 물체를 분류하기), 게임(자석 물고기 낚시), 신체 표현(자석의 밀고 당기는 성질을 몸으로 표현하기), 미술 활동(철가루 그림 그리기), 발표하기(내가 그린 작품을 설명하기), 듣기 활동(자석 동화 듣기), 과학관 견학 등 다양한 활동으로 진행하는 것입니다.

● 인성교육

'인성이 진정한 실력이다.'라는 말이 있습니다. 한국교육개발원이 실시한 '2012년 교육 여론조사'에 의하면 가장 시급한 교육문제로 '학생의 인성·도덕성 약화'를 꼽았으며, 초등학교 교육에서 중시해야할 교육은 '인성교육(45.6%), 창의성교육(31.8%), 민주시민교육(7.1%)'으로 교과과목은 물론 창의성 교육을 제치고 인성교육이 차지하였습니다.

인성교육은 자신을 소중하고 유능한 사람이라고 믿는 자아존중감을 바탕으로 타인을 이해하고 배려하면서 함께 살아가는 능력을 키워주며, 지속적이고, 통합적으로 몸에 배어 우러나올 수 있도록 꾸준히 지도해야 합니다. 또한 인성교육의 핵심은 부모나 선생님의 일관성 있는 태도와 모범적인 행동에서 비롯된다고 할 수 있으므로 어른이 먼저 정직하고 예절바르게 행동하며 아이들을 배려하고, 민주적으로 소통할 수 있어야 합니다.

'인성'의 덕목으로는 정직, 약속, 용서, 책임, 배려, 소통 등이며, 독서교육, 체험활동, 토론수업, 협력학습, 역할극 등 실천과 체험 위주의 방식을 활용하도록 합니다.

● 자기주도학습

스스로 공부하는 방법을 알아가면서 공부의 즐거움을 찾게 되는데 자기주도력이 만들어지는 시기인 초등학교 3학년에서 중학교 3학년까지를 놓치지 말아야 합니다. 자기의 능력에 맞는 학습목표를 먼저 설정한 후 그 목표를 가장 효과적으로 이룰 수 있는 전략을 세워야 합니다. 전략을 세웠으면 실천하고, 그에 따른 결과가 나오면 또 그 결과에 따른 평가와 검토가 이루어져 전략을 수정하는 과정이 원활하게 이루어지도록 도와줍니다.

● 토론학습

두 사람 이상이 모여서 문제에 대하여 가장 좋은 해결책을 찾도록 논의하는 학습법입니다. 학생들이 자발적인 참여를 함으로써 학습의 질이 높아지고, 자율적으로 지식을 획득하는 방법을 배우므로 비판적 사고력이 향상되고 의사소통 능력이 증진됩니다.

✪ 하브루타 : '토론을 함께하는 짝'을 일컫는 유대인 학습법으로 짝을 지어 질문하고 토론하고 논쟁하면서 친구에게 배우기도 하고 가르치기도 하는 방법.

● 협력학습(Collaborative learning)

학습자들이 대화와 상호작용, 협력을 통하여 공동의 목표를 달성하도록 고안된 학습방법으로 학습자 간 협력하면서 소통하는 과정에서 창의성과 인성이 향상됩니다. 협동학습(Cooperative learning)은 팀원에게 역할(예를 들면 이끔이, 기록이, 칭찬이 등)을 부여하는 반면 협력학습은 역할을 부여하지 않지만 팀원과 협력하여 과제를 해결한다는 점입니다.

✪ 액션 러닝(Action Learning) : 5~6명 정도의 학습자들이 팀을 구성하여 무임승차 없이 팀과제와 개인과제를 수행함으로써 학습자의 역량을 향상시키는 것을 목적으로 하는 교육방법.

● 스마트(SMART : Self-directed / Motivated / Adaptive / Resource enriched / Technology embedded) 러닝

빠르게 진화하는 디지털 시대에 맞는 새로운 교육방식으로 과거에는 교실과 집에서만 이루어졌던 교육이 장소와 시간의 제한을 받지 않는 클라우드 컴퓨팅 환경(인터넷상의 서버를 통하여 데이터를 저장, 처리하고 콘텐츠를 사용하는 등의 서비스를 한 번에 제공하는 컴퓨팅 기술)에서 IT기기(데스크탑, 태블릿 PC, 넷, 스마트폰 등)를 활용한 학습법을 말합니다.

가장 큰 장점은 개인마다 맞춤형 학습이 가능하다는 것이며 의사소통 능력과 협업, 비판적 사고력, 창의력을 키울 수 있습니다.

● 거꾸로 교실(Flipped Classroom) 교육법

기존의 학습법(강의는 교실에서, 과제는 집에서)을 거꾸로 바꾼 모형으로 학습자는 인터넷 기반 플랫폼에 제공된 강의 내용을 가정에서 미리 학습해 와서 교실에서는 학습한 개념을 토론하거나 협력 프로젝트 학습 등 다양한 활동을 하는 교육법입니다.

실제 실시한 학급의 결과를 보니 학생들의 성적 향상은 물론 왕따현상이 사라지고, 학원폭력, 컴퓨터 중독문제까지 치유되어 교육혁신의 가능성을 보여 주어 큰 반향을 일으키고 있습니다. (2014년 3월 20일 KBS 1TV 「KBS 파노라마-21세기 교육혁명, 미래교실을 찾아서」 방영)

★쉬는 시간 1

# 지영샘, 돌봄 초보기 : 맨날 질질 짜고 다니다

저는 유아교육을 전공했습니다. 학교를 졸업할 때 친구들은 가장 빨리 유치원업계를 떠날 것 같은 사람을 뽑았는데 거의 만장일치로 제가 뽑혔습니다. 이유인즉 제가 "병아리-삐약삐약, 참새-짹짹" 뭐 이런 말을 하는 게 제일 오글거린다는 거였어요(그리 틀린 말은 아닌 듯!! ㅋㅋㅋ).

- 김지영 친구 : 너 애들 안 패냐???
- 김지영 : (아니 이 친구들이 사람을 뭘로 보고) 야, 내가 얼마나 애정이 넘치는 교사인대~
- 김지영 친구 : 어쨌든 니가 아직까지 그 업계에 종사하는 거 보면 참 신기하다. ㅋㅋㅋ
- 김지영 : 야, 학교가 얼마나 좋은데 그러냐? 내 교실에, 내 책상에, 애들도 이쁘고…… 또 달라고 안해도 시간 되면 월급 주지, 밥 주지~
- 김지영 친구 : 아…………………………………… 넌 밥 줘서 학교 다니는구나!!
- 김지영 : 어떻게 알았지?? 완전 쪽집게!!! ㅎㅎㅎㅎㅎ

저는 유치원에 오래 근무 했으며 위에서 말씀 드린대로 '학교'를 정말 좋아합니다.

저희 교실에 처음 왔을 때 정말 한 마디로 대략난감!!! 바닥은 장판이 보이지도 않게 흙바닥에 톱밥이며, 먼지…… 가구들도 들어오지 않아서 휑~. 아, 정녕 여기가 교실이 된단 말인가? 얼마나 쓸고 닦아야 제 색깔들을 찾을꼬? 먼지를 하도 먹으며 청소를 하니 눈물인지 콧물인지 온 얼굴에 범벅……(눈물이야… 잉잉).

돌봄교실이 처음이기도 했지만 학생 모집부터 어떻게 해야 할지 도통 어려웠습니다. 어찌어찌 학생이 14명 모였는데, '참가신청서'를 받아든 순간 또 한 번 어질어질~~. '21시 귀가 희망'에 동그라미가 2개… 으… 이건 현실이 아닐 거야……. 물론 공고문에도 '21시까지 근무'라고 되어 있었지만 설마설마 했습니다. 그래서 당연히 밤 9시까지 학교를 지키게 되었죠. 집에 가는 밤길이 너무 무섭고 서글퍼서 하염없이 눈물이 줄줄… ㅠ.ㅠ …….(물론 한 달이 채 지나지 않아 아이들은 저녁 7시 이전에 귀가했고, "학교 상황에 따라 근무시간은 조절이 가능하다"는 조항에 따라 저는 조금 일찍 퇴근하게 되었습니다. ∞)

또 제가 돌봄교실에 온 첫 해에 '에듀파인'이 시행되어 절 무척이나 괴롭혔죠. 이전에 저는 병설유치원에 근무한 경험이 있기 때문에 '문서처리'는 별로 어려운 일이 아니었습니다. 하지만 에듀파인이라는 놈은 좀 달랐어요. 당최 뭐가 뭔지…….

엑셀도 잘 못하는데 에듀파인에는 엑셀 파일만 첨부되고, 용어들은 외계어 같고, 한 번 잘못 입력하면 어떻게 다시 바로잡아야 할지 머리털이 다 곤두섰죠. 그때부터 에듀파인을 대하는 제 태도는 엄숙하고 경건해졌습니다. 틀리면 죽음이니까……. 빵! 윽!!!

　업무도 힘들고, 밤늦게까지 근무하는 것도 힘들었지만 제일 힘든 건 의논할 상대가 없다는 거였어요. 물론 교장·교감선생님, 학교 식구들 모두 너무너무 친절하고, 좋은 분들이었지요. 그래도 저는 학교 식구들과 일단 출·퇴근시간이 달랐고, 돌봄교실에서 혼자 근무하다 보니 돌봄교실은 학교에서 '섬' 같고, 돌봄선생님은 '유령' 같은 존재라고 느꼈죠. '학교'를 배경으로 하는 귀신영화들이 얼마나 많아요. 그러니 학교가 밤이 되면 무서워요. 그런데 제가 밤까지 학교를 돌아다니잖아요. 히히히……… 나는 귀신이다~

유치원 아이들만 상대해 왔던 제게 '초등학생'은 또 다른 인종처럼 여겨졌습니다. 이 아이들은 어쩜 이렇게 지지리도 말을 안 들을까요? 청력에 문제가 있는 아이들일까요? 게다가 저희 교실은 바로 옆에 교장실, 교무실, 행정실이 있는데 말이죠.

조용한 오후에 우리 돌봄교실 아이들만 싸우고, 울고 불고…… 난리, 난리, 생난리……. 누가 저 좀 이 아수라장에서 꺼내주세요~~~ 플.리.이.즈~

어쨌든 전 제가 좋아하는 이 학교를 반드시 제 편으로 만들어야 했어요. 일단 아이들에게도 "진심은 통한다"는 믿음으로 친절하고 다정하게 다가갔죠. 그랬더니 역시 유치원 아이들보다는 성숙한 관계로 말도 통하고, 프로그램 활동할 때 설명을 조금만 해 줘도 저보다 더 멋지게 해내는 거예요. 요즘은 아이들에게 제 고민을 털어놓고 답을 구하는 단계로까지 발전했습니다. ∞

학교 업무는 조금만 배우면 내 책상에 앉아서 인터넷으로 결재를 올리면 되니 예전에 결재서류판을 들고 다닐 때보다 훨씬 더 편리해졌죠. 또한 학교 식구들과도 빛나는 친화력으로 곧 같은 편(?)이 되었고, 가까운 돌봄선생님들과 모임을 만들면서 함께 의논하고, 끈끈한 동지애를 느끼며 즐겁게 살게 되었습니다. 그래서 저는 현재 '돌봄교실 예찬론자'입니다!!! ∞

정말? 계속 질질 짠 건 아니구? ㅎㅎㅎ

〈제 아지트, 저희 교실입니다. 놀러 오세요!〉

# 2교시 얘들아, 도대체 왜들 이러니?

주제 1. 우리 아이들에게 관심을!

주제 2. 별난 아이들에게 더 관심을!

주제 3. 긍정적이고 명랑한 교실로!

# 얘들아, 도대체 왜들 이러니?

돌봄선생님이 되어 아이들을 맞이한 첫날!! 완전 푸른 꿈에 부풀어 아이들과 재밌는 활동을 해보고자 많은 준비를 해갑니다.

'돌봄교실 들어만 오거라! 이 선생님이 듬뿍 사랑해주고, 완전 즐겁게 해주마!!!' 그러나 아이들 반응은 어떠셨어요? 잠시 탐색전이 끝난 후……. 이리 뛰고, 저리 뛰고, 싸우고, 이르고, 화장실에 가서 안 오고……. 도대체 내가 선생님인 줄 정녕코 모르는 건지, 첫날이니 부드럽고 우아하게 말을 해도 전혀 들으려고 하지 않습니다. 결국 예쁘게 차려 입은 옷과 고운 화장이 무색하게 인상 쓰고, 소리 지르고, 아이들 잡으러 다니진 않으셨어요?

우리는 아이들을 많이 알고 있다고 생각합니다. 내가 잘해주면 아이들도 다 나를 좋아하고, 따라올 거라고 생각합니다. 하지만 막상 돌봄교실에서 아이들을 접해보면 아이들의 요구도 다양하고, 개성이 강한 아이들이 많아 내 생각대로 진행이 되지 않고, 전혀 다른 방향으로 흐르거나 의외의 일이 발생하기도 합니다. 그러면 내가 직업을 잘못 선택한 건 아닌지 후회도 되고, 나의 어떤 부분을 고쳐야 아이들을 잘 지도할 수 있는지 경력 많은 선생님께 자문을 구하고 싶을 때가 한두 번이 아닙니다.

그럼에도 불구하고 가끔 아이들에게 사랑편지도 받고, 공주(슈렉의 피오나 공주 말고…)와 닮았다는 이야기도 듣고, 초콜릿이라도 하나 수줍게 주는 반짝이는 눈망울을 보면서 힘을 얻고, 아이들을 기다리며 수업준비를 합니다.

이번 시간에는 아이들이 왜 그런 반응을 보일 수밖에 없었는지의 답이 될 수 있는 발달단계를 알아보고 그 발달 단계에 맞는 알맞은 지도방법과 문제행동을 보일 때 어떻게 지도하는 것이 좋을지에 대한 방법을 이야기해보고자 합니다. 또 우리가 머물고 있는 이 돌봄교실을 긍정적이고 명랑한 교실로 만들기 위해서는 어떤 노력을 기울여야 할지도 함께 고민해보고자 합니다.

## 주제1 우리 아이들에게 관심을!

고분벽화에도 "요즘 아이들은 버릇이 없다"라고 써 있다고 하지요. 예나 지금이나 '요즘 아이들'은 늘 버릇이 없고, 대책 없었나 봅니다.

시대에 따라서 보고 듣는 것이 다르니 아이들의 행동도 다르고 욕구도 달라지는 것이 아닌가 싶습니다. 모든 아이는 좋은 쪽으로든 나쁜 쪽으로든 발달을 합니다. 이왕이면 계속 좋은 방향으로만 커나가면 좋겠지만 유해한 환경에 노출되고, 다른 아이들과 부대끼는 정글 같은 나름대로의 작은 사회에 적응하려다 보니 원치 않는 방향으로 흘러가기도 합니다. 하지만 어쩌겠어요? 그 아이가 바로 내 아이들이고, 나는 그 아이들을 바르게 키워야 할 의무가 있는 것을……

저에게는 기본적인 믿음이 있습니다. '보호자(부모, 교사 등)가 언제나 그 자리를 지키고 있으면 기본적으로 사랑을 많이 받아 완전한 애착관계가 형성되어 자존감이 높은 아이는 벗어나더라도 크게 벗어나지 않으며, 벗어났더라도 곧 자기 자리를 찾아온다.'

선생님이라면 기본적으로 아이들의 발달 단계를 알고 그에 맞게 지도를 한다거나 환경을 바꿔주는 것도 필요하지만 '나는 네가 잘 되기를 바란다'라는 흔들리지 않는 믿음을 갖고 있음을 아이들이 느끼게 해주는 것이 가장 중요하지 않을까 싶습니다.

"나를 믿어주는 사람이 세상에 단 한 사람만 있어도 살만한 세상이다."라고 합니다. 아이가 멋지게 성장할 것을 믿어줄 우리 돌봄선생님이 있는 교실, 편안하고 아늑하지만 활기찬 교실, 각각의 모든 아이가 주인공인 돌봄교실이 되도록 오늘도 함께 노력합시다.

### 아이들의 정서 안정을 위해 기본적으로 갖출 것

> 돌봄교실 아이들은 대부분 아직 어립니다. 1학년의 경우에는 이제 갓 유아기를 벗어났거든요. 그래서 아이가 이유 없이 짜증을 부리거나 불안해하면 기본적인 욕구(배가 고픈지, 아픈지, 피곤한지 등)가 충족되어 있는지를 먼저 살펴야 합니다. 또한 무엇이 필요한지, 어떤 도움을 원하는지를 상대방에게 말로 표현하는 습관을 들이도록 합니다.

그리고 햇빛을 충분히 쬐고 신체활동 시간을 많이 가지는 것도 정서 안정을 위해 정말로 중요합니다.

● **생리적 욕구가 먼저 충족되어야 합니다**

모든 인간이 마찬가지지만 아동기에는 특히 기본적인 욕구 중에서도 생리적 욕구가 만족되어야 합니다. 배가 고프지는 않는지, 어디 아픈 곳은 없는지, 갑자기 크게 스트레스 받는 일이 생긴 것은 아닌지 등을 체크하고 충족시켜 주어야 합니다.

● **안정적 애착관계가 형성되어야 합니다**

가정에서 충분히 사랑을 받고 자란 아이는 안정적인 애착관계가 형성되어 있어서 외부의 스트레스에 자극을 덜 받지만 어떠한 이유로든 애정이 결핍된 상태라면 지금부터라도 부모님은 물론 선생님께서 사랑을 듬뿍 주어 '인정받고 있다는 느낌, 사랑받고 있다는 느낌, 나에게는 든든한 사람들이 곁에 있다는 느낌'을 아이가 가질 수 있도록 해야 합니다.

● **자기표현의 기회를 주어야 합니다**

사회적 경험이 부족해서 다른 사람들과의 관계가 원만하지 못하거나 좌절된 감정으로 위축되어 있는 경우라도 그것을 적절히 표현하면 부적절한 감정이 순화됩니다. 그러므로 말로 표현하거나 다른 사물을 통해서 표현할 수 있는 기회를 많이 주어야 합니다. 이때 마음속 모든 이야기를 꺼낼 수 있도록 충분한 시간을 주며 기다려 주고, 속마음을 읽어 주시면 좋겠습니다.

## 쌤, 현재 우리들의 상태는요~
### (초등학생의 일반적인 발달 특성)

1학년 아이들의 주 업무는 '이르기'입니다. 주 특기도 '이르기'입니다. 그렇다고 해결책을 별로 원하는 것도 아닙니다. "왜 그러니? 누가 그랬니?"라고 이야기하려는 순간 이미 대부분은 상황이 종료됐으니까요.

3학년인 남자 아이들은 축구 잘하고 욕 잘하는 아이가 최고 대장이고, 여자 아이들은 벌써 수학에 스트레스를 받기 시작해서 "넌 이미 알고 있는 것인데 네가 문제를 제대로 읽지 않아서 그런 거야"라고 달래가면서 친절하게 설명해줘야 합니다. 또 저희 반 4학년 여학생들과 대화를 하려면 EXO의 멤버를 알아야 합니다. 웬 멤버는 그리 많은지 스티커 북에 이름을 맞추려고 멤버 이름 외우느라 머리에 쥐 날 뻔했습니다. 하지만 이름 다 외웠다고 아이들이 제 어깨에 EXO 타투도 새겨 줬어요. 같은 멤버라는 뜻이죠.

키도 얼굴도 다르듯이 아이들마다 발달 상태는 다르지만 그렇다고 크게 다르지도 않은 것 같습니다. 일반적인 아이들의 발달 특성을 알아서 지금 하는 행동이 정상적인 것인지, 문제는 없는 것인지를 알고, 아이들 눈높이에 맞춰 이야기하며 그에 맞게 대처하시는 것이 우리 선생님들의 몫이라 하겠습니다.

## ✱ 1. 저학년(1·2학년) 학생의 특성

### ● 신체적 발달

유아기에 비해서 발달 속도는 느리지만 신체적으로는 건강합니다. 하지만 아직까지 소근육 발달이 완벽하지 않아서 글씨를 작게 쓰고, 가위질, 젓가락질을 어려워하고, 균형 감각이 미숙하여 안전사고의 위험이 높습니다.

### ● 인지적 발달

자기중심성이 강해서 종합적으로 사고하기 어려우며, 사물이나 상황에 대해서 특별하게 눈에 띄거나 흥미로운 한두 가지 특징에 주의를 기울여 판단합니다. 또 집중시간이 짧아서 주위환경에 영향을 받으면 산만해지고, 아이들 간에도 학습 속도에 차이를 보입니다.

### ● 사회·정서적 발달

- 이기적이고 자기중심적인 사고를 하기 때문에 사회적 관계에 미숙하고 어른에 의존하려는 경향이 강합니다.
- 다른 사람에게 칭찬과 인정받고 싶은 욕구가 강해서 같은 이야기나 행동을 반복하고, 친구의 사소한 잘못도 이르기를 좋아하며 관심 받고 싶어서 어른 주위를 맴돌며 때로는 거짓말을 하거나 심한 장난을 하는 경우도 있습니다.
- 남녀 구별 없이 잘 어울리나 이성 친구보다는 동성 친구에 더 많은 관심을 보이고, 혼자가 아닌 친구들과 함께 놀이하기를 원합니다.

## ✹ 2. 중학년(3·4학년) 학생의 특성

● 신체적 발달

자기 통제력이 높아지면서 대부분의 운동기술을 습득하게 되지만 호기심과 모험심이 강해서 많은 시도를 하기 때문에 사고의 위험이 높아지며, 남녀 간 신체적 차이가 발생하기 시작합니다.

● 인지적 발달

중학년이 되면 교과목의 수와 학습량이 늘고, 내용도 갑자기 어려워지기 때문에 아이들 간에 학력 차이가 벌어지기 시작하고, 자기가 좋아하는 분야가 생기면 몰입하는 경향도 나타나기 때문에 개인차가 발생하고, 자신의 재능을 발견하면서 진로를 탐색하기 시작합니다.

● 사회·정서적 발달

남녀 간 신체적 차이가 나타나고 관심도 달라집니다. 여자 아이들은 감정이 예민하고 수치심이 생기기 시작하며, 남자 아이들은 힘에 의한 서열화가 시작되면서 경쟁심이 생깁니다. 동성 간 또래집단을 형성하여 무리 지어 다니는 것을 좋아하며 집단의식을 강조하고, 성역할에 대한 관심도 높아집니다.

## ✹ 3. 고학년(5·6학년) 학생의 특성

● 신체적 발달

신체적 성장이 급격하게 증가하는 시기로 '2차 성징'이 나타나는데 아이들 사이에도 개인차가 심하고, 여자 아이들의 성장이 좀 더 빠릅니다.

● 인지적 발달

공부에 대한 부담이 커지고 학력 차이가 점점 커집니다. 비판적인 사고가 가능해지면서 명확한 자기 세계가 형성되기 시작하여 자기주장에 대해 근거를 갖추고 논리적으로 설명하려고 하며 어른 대접을 받고 싶어 합니다.

● 사회·정서적 발달

- 어른에 대한 의존성이 줄고, 어른에 대해 반항적 태도를 취하게 됩니다.
- 자신의 행동을 자신이 판단하여 결정하는 동시에 책임감도 강해집니다.

- 또래집단 형성으로 더욱 강한 집단의식이 생기면서 '우리' 의식이 강해지고, 협동심도 발달하여 친구들과 정신적 교류가 활발해지지만 편을 가르며 친구를 따돌리려는 경향이 있으면서 자기가 속한 집단에 대한 충성심도 강해집니다.
- 신체적으로 급성장하면서 사춘기가 시작되어 정서적으로 불안하고, 감정 조절을 잘 하지 못하여 '벌컥 화를 잘 내는 시기'입니다.
- 여자 아이들은 외모를 가꾸는 일에 관심을 보이며 연예인에 빠지기도 합니다.
- 이성에 대한 관심도 높고, 관심의 표현도 적극적인데 남자 아이들보다 여자 아이들이 더 적극적인 경우가 많습니다.

## 그러니까 이렇게 지도해 주세요
### (발달 단계에 따른 지도)

저학년 남자 아이들의 경우 아직 몸은 따라가지 않는데 위험하게 노는 것은 대단해 보여 일단 저지르고 보는 용감무쌍한 아이들이 많습니다.

정글짐 같은 곳에 어찌어찌 높이 올라만 가고 내려오지 못해 선생님께서 직접 올라가 업고 내려오신 적은 없으신가요? 고학년 형들이 계단 난간에서 날렵하게 엉덩이로 내려오는 나쁜 행동을 따라했다가 멍이 들어 돌봄교실로 오진 않았나요? 이 아이들도 이제 1~2년만 지나면 민첩하고 힘도 세지겠지만 현재 상태는 발달이 미숙한 관계로 그럴 수밖에 없는 것이랍니다. 이것은 일례일 뿐이지만 이런 이유로 저학년과 중·고학년의 지도는 많이 다릅니다.

저학년의 경우에는 교실환경도 더 안전하게 신경을 써야 하고, 사사건건 이르는 말에 일일이 대꾸도 해줘야 하며 '허접한 미완성품(어른이 보기에)'을 가져와도 칭찬을 많이 해줘야 아이들은 그 말을 먹고 발전합니다.

중·고학년 아이들과 친하게 지내려면 별로 보고 싶지 않은 개그 프로와 최신 가요도 섭렵하고, '벌컥 화를 잘 내는 시기'이기 때문에 가끔은 아이들 눈치도 봐야 합니다. 하지만 어른인 저의 고민 상담에 명쾌한 해답("사는 게 원래 어려운 거예요."라는 명답을 아이들한테 들은 적도 있죠)을 주기도 합니다.

하여튼 부족한 인간(교사도 완전체는 아니므로)이 또 다른 '어린 인간을 길러 내는 일'

은 참 오묘하고, 굉장한 일입니다. 아래 지도사항을 잘 보시고, 조금이라도 더 잘, 더 훌륭하게 길러 봅시다!

## 1. 저학년(1·2학년) 학생 지도

- 저학년은 아직 균형 감각이 미숙하여 안전사고의 위험이 높으므로 교실환경이나 복도, 화장실 등의 안전 상태를 늘 확인하시고, 사고를 미연에 방지하셔야 합니다. 또한 기본생활습관과 안전에 관한 지도는 선생님께서 먼저 시범을 보이시고, 아이들이 몸소 체험하는 것을 반복하여 몸으로 익히도록 해야 합니다.
- 저학년 아이들은 선생님의 관심과 칭찬을 많이 받고 싶어 하기 때문에 선생님께서는 아이들에게 작은 성공을 자주 경험하게 하여 많이 칭찬해주시고, 인정해 주셔서 자신감을 키워주시면 좋겠습니다. "성공이 성공을 부른다"는 말이 있습니다. 아이들에게 작은 성공할 거리를 많이 제공해주세요.
- 자기중심적인 사고 단계이므로 상대방의 입장에서 생각해 보는 기회를 주기 위해 역할극이나 동화를 많이 읽도록 지도합니다.
- 아이들의 집중시간이 짧지만 조용히 하라고 지시하기보다는 재미있는 손유희, 반구호, 박수, 손인형 등으로 주의집중을 시킨 다음 여러 가지 PPT자료나 각종 매체를 활용하는 것이 좋으며 효과적인 발문법도 도움이 됩니다.
- 친구들을 사귀는 것도 노력과 기술이 필요합니다. 친구와 같이 놀고 싶으면 양보를 한다거나 내 물건을 나눠 쓰고, 규칙이나 차례를 잘 지켜야 함을 자주 이야기해 주어서 아이들 속에서 함께 어울려 놀도록 지도합니다.

## 2. 중학년(3·4학년) 학생 지도

- 갑자기 어려워지는 학습 때문에 아이들이 좌절하지 않도록 꼭 달성해야 할 목표를 정하고 도달할 수 있도록 계획합니다. 학습에 어려움을 느끼는 학생은 단계를 낮추거나 학습량을 줄여줘서 계획한 것은 끝마치는 습관을 들입니다. 이때 칭찬과 격려를 많이 해주어 자신감이 길러지도록 합니다.
- 자기중심적인 생각에서 점점 벗어나 친구들과 협력하는 방법을 배워가는 시기이므로 모둠활동을 많이 계획해서 서로 도와주고, 도움 받는 방법을 스스로 익히도록 합니다. 친구들과 어울리는 것을 힘들어 하는 아이가 있으면 포용력이 있는 아이에게 같이 끼워줄 것을 부탁하여 서로 협동과 화합이 이루어지도록 합니다. 또한 '상대방의 입장에서 생

각하기(=입장 바꿔 생각하기)'를 통하여 자신의 행동을 돌아보고 스스로 반성하여 수정할 수 있도록 합니다.

- 아이들과 소통을 하려면 관심사를 공유해야 합니다. 최근 아이들이 좋아하는 연예인, 축구, 유행어, 개그 프로그램 등을 알고 이야기하면 아이들이 선생님을 더 친근하게 느낍니다.

## 3. 고학년(5·6학년) 학생 지도

- 2차 성징이 나타나는 시기인 만큼 이성에 대한 관심도 높고 표현도 적극적이지만 정작 성에 대한 지식은 부족하고 성을 대하는 태도도 미숙하므로 우리 선생님들께서는 아이들의 이성교제에 꾸준한 관심을 가지며, 좋은 자료를 가지고 성교육을 실시함은 물론이고, 밝고 긍정적인 성의식을 가지도록 자연스럽게 성에 대해 이야기할 수 있는 분위기를 만들어 주시는 것이 필요합니다.

- 고학년이 되면 성적문제로 아이들이 제일 스트레스를 받아 합니다. 공부를 힘들어 하면 지난 과정의 개념을 제대로 익혔는지 먼저 확인하고, 그에 맞게 학습 진도와 양을 조절해 줍니다. 하지만 어쨌든 아직 초등학생이기 때문에 가장 중요한 것은 책을 많이 읽고, 다양한 경험을 하는 것입니다.

- 어른에 대해서 비판적인 시각을 가지고 있는 시기이므로 대화를 잘하는 기본 원칙인 '존중하기, 공감하기, 진심 전하기'를 잊지 마시고, 모든 아이들을 공평하게 지도하며 진실하고 긍정적으로 꾸준히 소통하셔야 합니다.

## 주제 2  별난 아이들에게 더 관심을!

"돌봄교실 아이들은 교실에서 말 안 듣고, 문제 있는 아이들만 모아 놓은 것 같다"는 이야기를 들은 적이 있습니다. 하지만 저는 절대 그 말에 동의할 수 없습니다.

우리 돌봄 아이들은 오전 내내 각자의 교실에서 나름 긴장 상태에서 열심히 수업 받고 돌봄교실로 온 아이들입니다. 점심식사도 했고, 오전의 긴장 상태가 약간 풀린 상태에서 일반 교실과는 다른 편안한 구조의 돌봄교실에 도착을 하니 몸도 마음도 자유로워졌다고 생각합니다. 몸과 마음이 자유로워졌으니 말이 많아져 당연히 시끄럽고, 행동도 커졌으니 과격하고, 산만해 보일 수 있습니다. 그렇지만 저는 그게 너무나 정상이라고 생각합니다. 돌봄교실에서까지 긴장해야 한다면 아이들이 정말 스트레스받지 않을까요?

돌봄교실에서 아이들을 지도하다 보면 정말로 이 아이는 주의력결핍과잉행동장애(ADHD) 검사라도 받아봐야 하는 것 아닐까 싶은 아이도 있고, 뭘 하자고 해도 재미없다고 하며 자기는 안하겠다고 하는 무기력증에 빠진 아이도 있고, 돌봄교실에 오기 싫은데 엄마가 가라고 해서 억지로 온다는 말을 하여 우리의 마음을 아프게 하는 아이도 있습니다.

이 모든 행동에서 우리가 잊지 말아야 할 것이 있습니다. 단편적인 행동만 보지 말자는 것입니다. 바람직하지 않은 그 한 가지 행동만 보는 것이 아니라 그 이면에 어떤 욕구가 충족되지 않아서 저런 행동을 보이는 것인지에 대한 세심한 관찰과 관심이 필요합니다. 아이가 문제행동을 보이면 "어떻게 지도하지?" 이전에 "왜 저럴까? 왜 저런 행동을 보일까?"를 먼저 알아봐서 근본적인 문제가 해결되도록 해야 합니다.

아이가 잘못하면 부드럽게 일깨워주고, 그 행동이 왜 잘못되었는지 말해주어 같은 행동을 반복하지 않도록 대안을 알려줘야 하며, 잘못된 행동에는 반드시 책임을 지도록 해야 합니다. 말이 쉽지 과정은 어렵습니다. 그러므로 선생님께서는 일단 너그럽고 여유로운 마음을 가지셔야 합니다. 또한 문제행동을 몇 번 했다고 해서 결코 나쁜 아이가 아닙니다. 자기를 더 봐달라는 '신호'일 수 있습니다. 그러므로 문제행동을 지도하면서 아이 스스로가 자신을 귀하고 소중하게 여길 수 있으면 좋겠습니다. 그러면 그 나쁜 행동은 절대 습관으로 이어지지 않습니다.

아이의 바르지 못한 행동이 잦아지고 심해지거나 특이한 사항이 나타나면 바로 아이의 담임선생님과 의논하시는 것은 물론 부모님께도 상황을 정확하게 말씀드리고, 함께 고민하면서 키워야겠습니다.

## 모든 문제행동 지도의 기본을 알 것

돌봄교실에서 아이들이 자주 보이는 문제행동이 있고, 그 행동마다 지도법은 조금씩 다릅니다. 하지만 그 기본은 비슷합니다. 일관된 태도를 유지할 것, 꾸짖은 뒤에는 대안을 알려줄 것, 잘못된 행동은 반드시 책임지게 할 것, 아이들을 가둬놓지 말고 신체활동 시간을 많이 가져 스트레스를 발산하는 기회를 줄 것, 경우에 따라서는 격려와 무관심을 적절히 사용하며 칭찬은 구체적으로 할 것 등입니다. 그리고 다른 아이들과의 다툼이 있을 때나 기타의 상황에서 선생님이 지도할 때 가장 중요한 것은 '일관성과 공정성'입니다. 아무리 혼이 난다 해도 공평하면(나만 억울하다는 느낌이 안 생기도록) 아이들도 수긍을 합니다.

● **같은 사안에 대해서는 일관된 태도를 유지해야 합니다**

비슷한 사건이 일어났는데도 어떨 때는 혼을 내고, 어떨 때는 아무렇지도 않게 넘어가는 일이 없도록 같은 사안에 대해서는 같은 태도를 보여야 아이도 안정감을 느낍니다.

● **훈육을 할 때는 수용할 수 있는 부분과 없는 부분에 대해 명확히 설정해야 합니다**

잘못된 행동에 대해서는 차분하고 단호한 어조로 왜 그런 행동이 옳지 않은지 알아듣도록 충분히 설명해 주어야 하며, 책임지도록 합니다.

● **아이의 억압된 욕구를 마음껏 발산할 수 있는 기회를 주어야 합니다**

아이들도 어른 못지않게 스트레스를 많이 받습니다. 하지 말아야 할 것도 많고, 해야만 하는 일도 많습니다. 이때 아이들도 억압된 욕구를 발산할 수 있는 놀이를 제공하거나 바깥에서 많이 뛰어놀 수 있도록 하는 것이 좋습니다.

● **구체적인 칭찬 많이 해주어야 합니다**

이 시기의 아이들은 '칭찬'을 먹고 자랍니다. 그러나 의미 없이 맹목적인 칭찬은 전혀 도움이 되지 않습니다. 올바른 행동을 했을 때는 아낌없이 칭찬과 격려를 해주며, 결과에 대한 칭찬보다는 과정에 대한 칭찬을 많이 해줍니다.

- **격려와 무관심을 적절히 사용해야 합니다**

    아이의 좋은 행동을 강화하고, 부정적인 면을 감소시키기 위해서는 격려와 무관심을 효과적으로 적절히 사용해야 합니다.

- **조급함을 버려야 합니다**

    아이들의 행동은 한 번의 훈육으로 절대 좋아지지 않습니다. 마음에 여유를 가지고 아이가 감정을 표현할 수 있는 기회를 주어 대화를 많이 하는 것이 필요합니다.

- **부모님, 담임선생님과 의논해야 합니다**

    아이는 가정과 학교에서 함께 키우는 것이므로 평소와 다르거나 잘못된 행동이 반복되면 담임선생님은 물론 부모님과도 전화나 면담을 통한 상담시간을 가지는 것이 좋습니다.

## 쌤, 저를 도와주세요, 제발~

### ✱ 1. 공격적인 아이

친구를 때리거나 물건을 던지는 행동, 참지 못하고 소리를 지르거나 발악을 하면서 우는 등의 과격한 행동을 할 경우에는 즉각적인 지도도 필요하지만 어쩌면 그 이면에 숨겨진 아이의 마음을 읽어 주시는 것이 더 중요할 수 있으므로 평소에 세심하게 관찰해서야 합니다.

- **즉각적 지도**

    - 친구를 때리거나 밀거나 물건을 던졌을 때 즉시 '낮은 톤의 단호하고 약간 큰 목소리'로 행동을 중단시키며 아이의 눈을 보면서 그만하라고 이야기하고, 싸움이 벌어질 것 같은 조짐이 보여도 바로 분리시키고, 스스로 생각할 시간을 주어야 합니다. 잘못된 행동에 대해서는 본인이 느끼도록 해주고, 이런 행동은 앞으로도 절대 용납될 수 없음을 명확하게 이야기해야 합니다.
    - 아이의 감정이 격해 있을 때는 화난 마음을 말로 표현할 때까지 기다려 주지만 문제

행동에 대해서는 반드시 책임지도록 합니다. 만약 친구를 다치게 했으면 다친 친구의 상처를 같이 치료(심하지 않을 경우)할 수도 있고, 물건을 던졌으면 제자리에 갖다 놓도록 하는 등 잘못된 행동에 대해서는 즉각적으로 책임지는 행동을 하게 합니다. 이는 '벌'이 아니라 올바른 행동을 가르치기 위함입니다.

- 상황이 종료되고 난 후에는 지켜야 할 규칙과 해서는 안 되는 행동에 대해서 다시 한 번 이야기하도록 합니다.
- 타임아웃을 할 경우에는 그 시간을 자기 나이의 2배(8살이면 16분)가 넘지 않도록 합니다.

● **평소의 지도**

- 공격적인 행동은 아이가 힘들다고 보내는 신호일 수 있습니다. 왜 그런 행동을 하는지 아이의 마음을 먼저 들여다보고, 아이가 화내는 근본적인 원인을 알기 위해 평소에 아이의 말에 경청하고, 공감해 주어 아이의 마음을 풀어주는 것이 중요합니다.
- '하면 안 되는 행동'을 줄여서 통제 자체를 줄이면 좋겠습니다.
- 공격성 감소를 위한 놀이를 자주 실시합니다.
  예) 운동, 샌드백치기, 풍선치기, 신문지 찢기, 점토치기, 낙서하기, 콜라주 등
- 아이에게 역할을 주어서 남을 도와줄 수 있는 기회를 마련합니다. 타인을 돕는 기쁨을 알기는 아직 어리지만 공격적인 행동은 감소시킬 수 있습니다.

● **Tip**

**폭발 순간 긴급조치(STC법) : 멈추고 → 생각하고 → 선택하기**

**1단계 :** Stop(멈춤) - 상황에서 벗어나기(물리적인 거리두기, 심리적 시간 벌기)
**2단계 :** Think(생각) - 감정 정리하고 이성 찾기(자신과의 공감대화, 상대와의 공감)
**3단계 :** Choose(선택) - 어떻게 할 것인가 대안 찾기(객관적으로 말하기, 솔직하게 표현하기, 원하는 것 부탁하기)

## ✱ 2. 욕하는 아이

갈수록 '욕'은 심해지고, 재미삼아 욕을 사용하는 아이들이 점점 늘어납니다.
단순히 별 뜻도 모르고 욕을 따라하는 것인지, 교사의 관심을 끌기 위한 것인지, 감정

이 실린 것인지를 먼저 파악하시고 대처하셔야 합니다.

말은 곧 그 사람의 인격입니다. 고운 말을 많이 쓰도록 하며 욕의 대안이 되는 말들을 아이들과 함께 찾아보면서 실천해야겠습니다.

### ❶ 욕의 의미도 모르고 따라한 경우

- 저학년 아이들은 대부분 욕이 어떤 뜻인지 모르고 그냥 재미로 하는 경우가 많습니다. 그럴 때 그 욕이 어떤 뜻인지를 알려주는 것이 필요합니다.
- 욕을 했을 때 선생님은 흥분하지 말고, 즉각적으로 바로잡아 다른 표현으로 바꿔서 말하도록 합니다.
- 욕을 해서 안 되는 이유를 말해 줍니다. 장난으로 했을 경우는 상대방의 기분을 나쁘게 할 수 있으며 입장을 바꿔서 생각하면 어떤 기분이 드는지 스스로 깨닫게 해줍니다.

### ❷ 선생님과 친구들의 관심을 끌기 위해 하는 경우

- 욕을 사용한 이유가 선생님이나 친구들에게 관심을 끌기 위함이라면 '무시하는 태도'를 보이도록 합니다. 만약 아이들이 친구가 욕했다고 말할 경우 "선생님도 들었지만 저런 말은 모른 체할 거야. 너희들도 욕은 못 들은 걸로 해서 저 친구가 고치도록 해주자"라고 이야기해 줍니다.
- 무관심과 무대응으로 대하지만 상대가 있는 상태에서 욕했을 때는 그 대상에게 사과하도록 하여 자신의 행동을 반성하고, 자신의 잘못된 행동에 책임지도록 합니다.

### ❸ 욕의 의미를 알고 자신의 감정 표출을 위해 하는 경우

- 이런 경우에는 일단 감정적인 대응은 금물이므로 침착하게 대처해야 합니다. 욕하는 즉시 단호하게 꾸짖되 어느 정도 마음이 풀린 다음에는 욕한 이유를 묻습니다. "아, 그래서 네가 정말 화가 나서 욕이 나왔구나. 그런데 욕하고 나니까 기분이 좋아졌니?", "길거리나 놀이터에서 욕하는 형들 봤지? 어떤 생각이 드니? 멋있어 보였니? 그 옆에 있던 형은 기분이 어땠겠니?"라고 이야기하면서 욕은 아무 도움이 안 되는 행위임을 스스로 깨닫게 유도하는 질문을 합니다.
- 부정적인 감정을 욕이 아닌 다른 방법으로 해소할 수 있는 방법을 이야기해 봅니다.
- 욕과 작별의식 하기 : 욕이 습관적으로 자꾸 나올 때는 하고 싶은 욕을 적은 뒤 찢어버리는 작별의식을 진행합니다.

● 평소의 지도

- 욕을 사용하는 아이가 바르고 고운 말을 썼을 경우 칭찬을 많이 해줍니다.
- 아이가 폭력게임이나 폭력물을 접하는 기회가 많다면 부모님과 상의하여 시간을 줄여 나가도록 합니다.
- 다친 마음을 욕으로 푸는 것이라면 아이의 마음을 충분히 읽어주며, 다른 말로 하도록 시간을 주고 격려해주며 지지해 줍니다.
- 긍정적인 말이나 태도에는 크게 반응하며 적극적으로 격려해 줍니다.

## 3. 산만하고, 집중력이 부족한 아이

너무 산만하여 집중력이 부족한 경우에는 먼저 주변 환경을 정리해야 합니다. 아이가 해야 하는 일에 집중할 수 있도록 주변을 깨끗이 하고, '스몰스텝(Small step)의 원리'를 이용하여 '목표는 작게, 시간은 짧게' 설정하여 작은 성공의 기회를 많이 주는 것이 중요합니다.

❶ 다른 사람의 말을 이해하지 못하는 것이 원인일 경우

- 학습적인 부분에서 이해하지 못하고 있는 것이므로 아이의 수준을 고려해야 합니다. 아이가 소화할 수 있는 부분까지 해결할 수 있도록 도와주며, 아이의 수준을 잘 파악하여 학습에 대한 성취감과 재미를 느끼게 해주는 것이 좋습니다.
- 혹시 청력에 문제가 있지는 않은지 알아봅니다.

❷ 다른 사람의 말을 이해하지만 아이 스스로 감정을 통제하지 못할 경우

- 산만한 아이에게 "너 때문에 옆 친구 방해받잖니. 정신없으니 그만해라" 같은 부정적인 말들은 아이에게 더 반항을 일으키기 쉬우며 그에 따라 선생님은 더욱 강한 제재를 반복하게 되는 악순환을 낳습니다.
- 산만한 아이는 시간을 정해 놓고 지도하는 것이 좋습니다. "지금부터 ~까지만 잘 들으면 네가 좋아하는 ~를 할 시간이야. 잠깐 참고 잘 들을 수 있겠지?"와 같이 처음에는 짧은 시간만을 집중하도록 하고, 그 시간을 점차 늘려가도록 하며 잘 참았을 때 칭찬과 격려는 필수입니다.
- 평소에 집중력을 필요로 하는 놀이를 많이 하도록 합니다.
  퍼즐 맞추기, 블록 쌓기, 숨은 그림 찾기, 도미노게임 등

## ✳ 4. 거짓말 하는 아이

관심을 끌기 위한 단순 거짓말이면 일반적으로 무시하는 태도가 좋으나 한 번의 거짓말은 또 다른 거짓말을 낳는 등 습관이 될 수 있으므로 아이가 진정 원하는 것이 무엇인지 이야기하는 시간을 가져서 거짓말이 아닌 용기 있는 말로 표현할 수 있도록 하고, 솔직한 말에 대해서는 아낌없이 격려해 줍니다.

**❶ 단순히 다른 사람의 관심과 인정을 받고 싶어서 거짓말 하는 경우**

- 아이의 거짓말에 대해 너무 민감하게 반응하지 않으며, 습관이 되지 않도록 별다른 반응을 보이지 않는 것이 좋습니다.
- 아이와 자연스럽게 대화를 유도하면서 거짓말을 통해서 원하는 것이 무엇인지 파악하여 아이의 마음을 열어주는 것이 좋습니다.

**❷ 잘못된 결과를 다른 사람이 받아들이지 않을 것 같아 방어수단으로 거짓말 하는 경우**

- 선생님에게 혼이 나거나 꾸중을 들을까봐 하는 거짓말이라면 다그치거나 야단 치지 말고 아이를 걱정하는 마음을 전달하는 것이 더 효과적입니다. 예를 들어 아이가 돌봄교실 교구를 부셨다면 야단부터 치는 것이 아니라 "교구는 망가졌지만 끝이 뾰족한데 네가 다치지 않아서 정말 다행이야"라고 미리 말해주어 아이가 거짓말 할 필요가 없다는 것을 느끼게 해줍니다.
- 잘못된 일이라도 솔직하게 털어놓으면 용서해 주지만 거짓말로 인해서 벌어진 일들에 대해서는 아이에게 자기 행동에 책임지도록 가르쳐야 합니다. 위의 경우처럼 망가진 교구를 본드로 붙인다든지, 복구가 안 되면 교구를 부순 그 행동으로 인해 다시 그 놀이를 못하게 됨을 안타깝게 생각하도록 합니다.
- 진실을 말하면 선생님이 언제나 받아들여준다는 열린 마음으로 대하여 신뢰가 형성되도록 하는 것이 중요합니다. 또 자기 잘못을 인정하는 사람이 용기 있는 사람이라는 이야기를 자주 해줍니다.

## ✳ 5. 도벽이 있는 아이

도벽은 갖고 싶은 것에 대한 충족이 안 될 때나 심리적 불안, 충동조절 능력이 부족할 때, 소유 욕구가 남보다 강하거나 올바른 소유개념을 배우지 못했을 때 나타납니다. 특히 부모의 너무 방임적이거나 강압적인 양육방식이 원인이 되기도 하므로 계속되는 도벽은 원인을 파악하여 그에 맞는 방법으로 꾸준히 지도해야 합니다.

### ❶ 돈을 훔치는 경우

- 아이가 도벽의 충동에 빠지지 않게 주변 사람들이 돈 관리를 철저히 합니다.
- 아이에게 용돈을 주어 스스로 용돈을 관리하여 쓰도록 합니다.
- 돈을 훔치는 경우 가장 중요한 것은 아이가 돈을 훔쳐서 어디에 사용하는지를 아셔야 새롭게 생길 수 있는 문제를 미연에 방지하실 수 있습니다.

### ❷ 물건을 훔치는 경우

- 아무리 보잘것없는 물건이라도 남의 물건을 훔친 것을 알았으면 반드시 돌려주도록 해야 합니다. 이것은 아이에게 창피를 주려는 것이 아니라 잘못한 행동에 대해서 반드시 책임을 묻는 것입니다. 물건을 잃어버린 아이에게도 물건 관리를 잘할 것을 같이 이야기해 주는 것이 좋습니다. 세심하게 배려하여 모두 상처받지 않도록 합니다.
- 갖고 싶은 물건이 있을 경우 친구에게 허락을 받아 잠깐 빌려 쓰고 돌려주는 방법을 이야기해 줍니다. 하지만 갖고 싶은 물건이 있다고 해서 다 가질 수 있는 것은 아니라는 사실도 알려주는데 이때 항상 일관적으로 대응하는 것이 중요합니다.
- 물건을 가지고 간 아이에 대한 심증은 있는데 물증은 없고 솔직하게 말하지 않을 때 바람직한 방법은 아니지만 교실에 있는 가스누설탐지기 등을 CCTV 기능이 탑재되어 있는 것이라고 말하여 조용히 물건을 갖다 놓으라고 할 수도 있습니다. 그 때 물건을 제 자리에 갖다 놓았다면 더 이상 추궁하지는 않습니다.
- 도벽은 습관이 될 수 있으니 한 번에 고칠 수 있다고 생각하지 말고, 꾸준하게 지켜보면서 정서적인 지지를 지속적으로 해주는 것이 중요합니다.

## ✳ 6. 무기력한 아이

건강한 어린이는 기본적으로 에너지가 넘치고 적극적으로 활동하는데 요즘 들어 무기력증에 빠진 아이들이 너무 많습니다. 시도도 하지 않고 못한다고 하거나 만사를 귀찮아하고 흥미를 보이는 일이 없는 경우입니다. 아이의 스케줄이 너무 빡빡하여 감당하기 힘든 것은 아닌지 몸이 아프거나 너무 피곤한 상태는 아닌지 먼저 확인합니다.

### ❶ 실패할 것을 두려워하여 아예 시작조차 안하려는 아이

- 과제의 양을 잘게 쪼개어 쉽게 성취할 수 있는 기회를 줍니다.

- 작은 일이라도 본인이 선택하게 합니다.
- 아이가 잘하는 것을 찾아 격려해 주고 인정해 주며 자주 말을 걸어 줍니다.

**❷ 교사가 지도하고자 하는 것을 무조건 하기 싫다는 아이**

- 자꾸 안하겠다고 하면 그 아이가 좋아하는 일을 금지하겠다고 하여 참여를 유도합니다. 예를 들어 교사가 과학실험을 진행하고자 하는데 계속 하기 싫다고 한다면 그 아이가 좋아하는 만화책을 보지 못하게 한다거나 운동장에 나가 노는 일을 금지하겠다고 하면 어쩔 수 없이 참여하게 됩니다. 과학실험에 참여하여 결과가 나타나면 그에 맞는 성과에 대한 칭찬을 많이 해줘서 다른 일에도 참여하게 하고, 결과를 보는 일을 즐거워할 수 있는 기회를 많이 줍니다.
- 아이에게 책임 있는 일을 맡깁니다. '화초에 물주기'나 '선생님 도우미' 등 그 아이가 하지 않으면 큰일 날 듯 이야기하여 돌봄교실에서 꼭 필요한 학생임을 잊지 않고 자부심을 갖도록 이야기해 줍니다.

## ✳ 7. 소극적이고, 다른 아이와 못 어울리는 아이

소극적인 아이의 경우 자존감이 낮을 수 있으므로 자신을 소중하고 귀하게 믿는 마음이 생기도록 쉬운 것과 잘할 수 있는 것부터 하도록 하며, 칭찬과 격려를 많이 해줍니다. 친구들과 사이좋게 노는 것도 방법이 있음을 알려주어야 합니다.

- 다른 사람들과 자연스럽게 접촉할 수 있는 기회를 많이 만들어 주는 것이 좋습니다.
- 돌봄교실에서는 우선 또래와 어울리는 경험을 하도록 하여 단짝친구가 생겨도 좋고, 단짝친구를 포함하여 3명이 놀거나 친구들을 늘려가는 경험을 하는 것이 바람직합니다.
- 소극적인 아이가 잘하는 놀이나 게임을 친구들에게 소개하며 놀이해 볼 수 있는 기회를 만들어주는 것도 도움이 됩니다.
- 실수하는 것에 대해 주눅 들지 않도록 실수해도 다시 하면 되고, 실수한다고 해서 결과가 그리 나빠지는 것이 아니라는 것을 이야기해 주어 자신감 있게 도전할 수 있도록 도와주는 것이 좋습니다.
- 부모님과도 상의하여 가정에서도 사회성과 자신감을 길러 줄 수 있도록 부모님과 함께 즐거운 놀이를 하거나 또는 친구를 초대하는 등의 기회를 만들어 주도록 합니다.

## ✳ 8. 자위행위를 하는 아이

아이들의 자위행위는 우연히 성기를 스쳤는데 기분이 좋아서 하는 경우가 많기 때문에 병적인 것이 아니라면 자연스러운 성장과정에서 일어나는 현상입니다.

- 아이가 자위행위를 할 때 자연스럽게 다른 놀이로 유도합니다. 운동장으로 나가서 모래놀이를 한다거나 촉감이 좋은 점토 놀이 등으로 집중할 수 있게 해야 합니다. 이때 야단 치면 불안감과 죄의식을 갖게 되므로 조심해야 합니다.

- 동화책이나 VCR을 통해서 성기는 소중하기 때문에 함부로 만지거나 상처를 주지 않도록 해야 함을 평소에 자연스럽게 알려줍니다.

## ♥ 전문적인 치료가 필요한 아이들도 있어요

우리 돌봄선생님들은 특수교사 자격증이 없기 때문에 특수아는 교육할 수 없습니다. 하지만 특수아의 부모님께서 돌봄교실에 맡기길 원하시면 현재까지는 원하시는 시각까지 돌봐야 합니다. 학교에 특수교실이 있는 학교는 특수반 교사, 특수교육실무사의 도움을 받을 수 있으며 돌봄교실에서는 보조사를 채용할 수도 있습니다. 또한 공익요원을 돌봄교실에 배치하거나 대학생이나 봉사자의 도움을 받을 수 있도록 학교에 도움을 청하셔야 합니다. 이는 아이와 선생님, 또 다른 일반 아이들을 위해서 꼭 필요한 일입니다.

특수아라는 판명은 받지 않았으나 경계선상에 있는 아이들도 있습니다. 어쨌든 이는 선생님께서 절대 판단하시면 안 됩니다. "과용되는 진단(ADHD, 발달장애 등)이 멀쩡한 아이를 잡는다"는 말과 "치료는 빠를수록 더 좋은 효과를 본다"는 이 두 가지의 견해에서 중심을 잡으셔야 합니다. 선생님께서 생각하시기에 약간 치료를 받는 것이 좋겠다고 생각하시면 먼저 아이의 담임선생님과 의논하셔야 합니다.

❋ 이 부분은 '대한소아청소년정신의학회(http://www.kacap.or.kr/)'의 '소아청소년 정신의학정보'에서 많이 발췌하였습니다.

## 1. 주의력결핍 과잉행동장애 (ADHD)

ADHD는 주의력결핍, 과잉행동 및 충동성 증상을 보이며, 아동의 정상적인 학교생활과 가정생활에 큰 지장을 초래하는 장애로 학교를 다니는 아동의 약 3~5%에서 ADHD가 발생하며, 남자아이들이 여자아이들보다 3~4배가량 많습니다. ADHD 아동은 학업수행에 어려움을 보일 뿐 아니라 행동조절에 문제가 있어 또래 관계에서 따돌림을 당하기 쉽고, 학교 선생님으로부터 '말 안 듣는 아이'라는 평을 종종 듣게 됩니다.

● 유형

 - 과잉행동형 : 가만히 앉아 있지 못하고 손발을 만지작거리거나 돌아다니고, 지나치게 뛰어다니며, 끊임없이 불필요한 행동을 하고, 쓸데없는 질문도 많이 합니다.
 - 집중력 저하 : 학습이나 활동에 집중하지 못하고 조심성이 없으며, 다른 사람의 이야기를 귀 기울여 듣지 않거나 대충 기억하고, 산만하여 일을 끝맺기 힘듭니다.
 - 충동적 성형 : 자기억제 능력이 부족하여 사회적인 문제와 공격성을 야기합니다.
 - 부주의형(조용한 ADHD) : 공상에 잘 잠기며 잘 잊어버리거나 물건을 잃어버리고, 느려서 할 일을 마무리하지 못합니다.
 - 혼합형 : 과잉행동과 충동성, 부주의함을 모두 가지고 있는 유형

● 진단

 - ADHD는 부모, 교사의 정보와 의사의 진찰 소견을 토대로 진단이 내려집니다.
 - ADHD의 진단 기준(참고 : 미국정신의학회 진단기준)
 아래 '주의력결핍 증상'이나 '과잉행동-충동적 증상'의 9가지 증상 가운데 6가지 이상 증상이 6개월 동안 부적응적이고 발달 수준에 맞지 않게 지속되면 병원을 찾습니다.

### 〈주의력결핍 증상〉

❶ 일에 대한 주의가 부족하거나 공부, 일 또는 다른 활동에 있어 부주의하여 실수가 많다.
❷ 공부를 포함한 어떤 일이나 다른 놀이를 할 때 주의 집중을 하지 못한다.
❸ 다른 사람이 직접 이야기하는 데에도 듣지 않는 것처럼 보인다.
❹ 정당한 지시에 대하여도 따르지 못하는 경향이 있으며, 학교 숙제 또는 가정의 일 또는 의무 등을 적절히 마치지 못한다(반항이나 이해부족으로 인한 행동은 포함하지 않음).
❺ 일이나 활동을 조직하고 체계화하는 데에 어려움이 있다.
❻ 학교공부 또는 숙제 등 지속적으로 정신적인 노력이 필요한 일이나 활동을 피하거나 싫어하고 또는 하기를 꺼려한다.
❼ 일이나 활동에 필요한 물건들을 흔히 잃어버린다(장난감, 학교 숙제, 연필, 책 등).

❽ 외부의 자극에 대해 쉽게 산만해진다.
❾ 일상생활의 활동을 쉽게 잊어버린다.

### 〈과잉행동 – 충동성 증상〉

❶ 흔히 손발을 가만히 두지 못하거나 의자에 앉아서도 몸을 옴지락거린다.
❷ 흔히 앉아 있도록 요구되는 교실이나 다른 상황에서 자리를 떠난다.
❸ 흔히 부적절한 상황에서 지나치게 뛰어다니거나 기어오른다.
❹ 흔히 조용히 여가활동에 참여하거나 놀지 못한다.
❺ 흔히 끊임없이 활동하거나 마치 무엇인가에 쫓기는 것처럼 행동한다.
❻ 흔히 지나치게 수다스럽게 말을 한다.
❼ 흔히 질문이 채 끝나기 전에 성급하게 대답한다.
❽ 흔히 차례를 기다리지 못한다.
❾ 흔히 다른 사람의 활동을 방해하고 간섭한다(예: 대화나 게임에 침견).

- **치료** : 약물치료, 인지행동치료, 사회성기술 훈련, 환경치료(가정과 학교 교실의 시공간적 환경을 조정하는 일), 부모교육과 상담, 가족치료, 놀이치료 또는 정신치료, 특수교육 등

## 2. 발달장애

발달장애는 자폐장애, 레트장애, 아스퍼거장애 등을 일컫는 용어입니다. 이 가운데 대표적인 자폐증은 사회적 관계나 의사소통, 행동 등에 심각한 문제를 일으키는 장애입니다. 자폐증은 뇌의 이상으로 생기는 질환으로 대개 3세 이전에 문제가 나타나기 시작하여 평생 지속됩니다. 자폐증은 단독으로 나타날 수도 있고, 정신지체, 학습장애, 간질 등의 다른 발달장애와 동반되어 나타날 수도 있습니다.

- **자폐장애의 진단**

❶ **사회적 상호작용의 질적인 장애**

- 부모와의 애착형성이 되지 않는다. 즉 부모와의 접촉을 피하고 좋아하지 않는다.
- 눈을 마주치지 않는다.
- 다른 또래 아이에게 관심을 보이지 않고 같이 놀지 못한다.
- 자발적으로 다른 사람들과 기쁨, 관심 등의 감정적인 관계형성을 하지 못한다.

- 다른 사람의 감정을 이해하지 못하고, 반응을 주고받는 상호교류가 결여되어 있다.

❷ **질적인 의사소통에 있어서의 장애**

- 전반적으로 언어발달이 늦다.
- 언어의 이해력이 부족하다. 말을 듣지 못하는 것이 아닌가 의심이 되기도 한다.
- 의사표시를 할 때 말보다는 손을 끌어 자기가 원하는 바를 해결하는 경우가 많다.
- 발달수준에 적합한 자발적이고 다양한 놀이, 소꿉장난, 모방놀이가 결여되어 있다.
- 누가 이야기한 것을 그대로 되풀이하는 경우가 있다.
- 대명사의 혼동이 있어 '너'와 '나', '우리' 등의 구별이 안 된다. 예를 들어 "너 밥 먹을래?" 하면 "나 밥 먹고 싶어요"가 아니라 "너 밥 먹을래" 하고 되풀이한다.

❸ **제한적이고 반복적인 상동적 행동**

- 한정된 놀이만 하고 단순한 놀이를 되풀이한다.
- 특정한 물건에 강렬하게 집착하거나 특정행동에 몰두하여 되풀이한다.
- 주변 환경에 어떤 변화가 있을 때 이를 참지 못하고 적응하기 어려워한다.

● **치료** : 언어치료, 작업 및 감각통합치료, 발달놀이치료, 약물치료, 부모상담 등.
자폐장애의 치료 중 '집중적인 조기 특수교육'은 특정한 과제를 훈련시켜 최대한 정상생활에 적응할 수 있도록 기본적 사회성과 의사소통 방식을 도와주는 방법입니다.

## 3. 학습장애 (Learning disorder)

❶ 학습지체 : 지능지수가 70 이하로 학업 성취도가 떨어지는 경우
❷ 학습지진 : 지능지수 71~84 정도로 학습에 시간이 걸리고 어려움을 보이는 경우
❸ 학습부진 : 정상적인 지능지수이고, 신경계의 이상도 없으나 정서적 문제나 환경적인 요인으로 학업 성취도가 떨어지는 경우
❹ 학습장애 : 정상 또는 정상 이상의 지능지수이고, 정서적·환경적인 문제가 없는데도, 학습과 관련된 뇌의 특정영역의 문제로 학습에 장애가 생기는 경우(초기 발달 지연이나 주의, 기억, 추론능력, 의사소통, 읽기, 쓰기, 산수, 사회적 능력에서 어려움을 보임)

● **치료** : 조기에 발견하여 학업을 제대로 수행할 수 있도록 하며, 학습장애로 인한 2차적 문제를 치료하는 것을 목표로 합니다. 신체적인 질환이 있는 경우에는 그 원인 질환을 치료하고, 주의력결핍 문제를 동반한 경우 그에 맞는 약물치료 등을 합니다.

## 주제3 긍정적이고 명랑한 교실로!

저에게는 원칙이 하나 있습니다. "돌봄교실은 무조건 즐거워야 한다. 돌봄교실에 오는 것이 아이들도, 교사인 나도, 부모님도 모두 모두 즐거워야 한다."

아이들의 입장에서 돌봄교실은 평가(시험)도 없고, 숙제도 없고, 재밌는 활동과 맛있는 먹을거리를 제공하는 곳인데 즐겁지 않으면 이상하고, 교사의 입장 역시 아이들 평가를 안해도 되고, 숙제검사를 안해도 되며, 내가 좋아하는 활동을 아이들과 마음껏 할 수 있는 곳인데 즐겁지 않으면 이상한 거죠. - 물론 여기까지는 이론상이요……. ∞ 실제로도 그러면 얼마나 좋을까 싶지만 사실은 그렇지 않은 날도 많죠.

저학년 아이들은 오전 수업만으로도 지쳐서 오고, 중·고학년 아이들은 5~6교시를 하는 날이 많으니 역시 피곤해 합니다. 몸이 피곤하니 당연히 짜증도 많고, 싸움도 많이 일어나며 일반 학급보다 편안한 분위기와 마음씀이 비단결 같은 돌봄선생님을 악용(?)하여 교실이 운동장인 양 뛰어다니고 기어 올라가고, 화장실에 다녀온다고 하고는 온 학교를 휘젓고 다니는 아이들이 있습니다. 하지만 아이들 입장에서는 오전에 교실에 있었는데, 오후에도 같은 실내인 돌봄교실로 들어오는 일이 좋기만 할까요? 우리 아이들도 교문 앞에 기다리고 있는 다른 엄마들의 아이들처럼 가방도 엄마한테 휙 줘버리고, 집에 가는 길에 아이스크림도 사먹고, 뛰어놀고 싶은 날이 왜 없겠어요.

그래서 우리는 돌봄교실에 학생님께서 입장을 해주시면 귀빈 맞이하듯이 최대한 귀하고 반갑게 인사해 주셔야 합니다. "너를 보니까 너무 좋다, 보고 싶었다." 약간의 오버액션과 함께 환하게 웃어 준다면 약간은 응어리졌던 아이들의 마음이 풀리지 않을까요?

제가 아는 선생님께서는 아이들이 받아쓰기 시험 100점 맞아오면 업고 교실을 세 바퀴 돌아준다고 하시더라구요. 스티커나 남발하는 저와는 차원이 다르죠. 스티커도 좋아하는데, 업어 준다면 얼마나 더 행복해 하겠어요?

돌봄교실은 학교 안에 있고 교육하는 곳이지만 그래도 일반 학급과는 약간 다르다고 생각합니다. 조금 더 아이들을 품어 안는 공간이면 좋겠습니다. 소통이 잘 되는 교실이 되기 위해서 아이들의 말을 더 많이 들어주는 공간, 자기 자랑 많이 할 수 있는 공간, 칭찬과 사랑을 많이 받아서 자신감이 충만해지는 공간으로 만들어가야겠습니다.

Right now!

# 이야기꽃이 피는 교실로~

"말 한 마디로 천 냥 빚 갚는다"라는 말이 있습니다. 하지만 '말을 잘 들어주면 2천 냥 빚도 갚아줄걸'이 저의 생각합니다. 그만큼 말을 듣는 것이 더 어려운 것 같습니다. 아이들이 말할 때 눈을 맞춰주고, 추임새(어머나 세상에, 그랬구나, 역시, 짱, 최고야 등)만 보내줘도 이야기는 길어지고 눈빛은 반짝입니다. 속상해서 말할 때는 손을 잡아주고……. 참 쉬운 일인 것 같으면서도 어려운 일이 '잘 들어주기'입니다.

아름다운 이야기만 오가면 좋겠지만 아이들을 훈계해야 할 때도 있고, 지시해야 할 때도 있습니다. 그럴 때도 아래의 글과 같이 절대 비난하지 말고, '나-전달법(I-massage)'으로 나의 입장을 이야기해 주면 좋겠습니다.

좀 시끄러우면 어떻습니까? 좀 소란스러우면 어떻습니까?

각각의 아이들이 자기의 이야기를 마음껏 할 수 있는 교실로 만들어 보자구요.

● **잘 들어주기**

- 말을 잘하는 것, 많이 하는 것보다 잘 들어주기가 훨씬 더 중요합니다.
- 온화한 표정으로 눈을 맞춘다거나 고개를 끄덕이는 등 상대방의 말을 잘 듣고 있다는 신호를 보내줍니다.
- 이야기가 길어지면 중간에 요약을 해주거나 바꾸어 말해서 정리를 해줄 수도 있습니다.
- 경우에 따라서는 말보다 '부드럽게 손 잡아주기, 윙크하기, 미소 짓기, 어깨 두드려주기, 가볍게 안아주기' 등의 간단한 행동이 더 강력하게 마음을 움직일 수도 있습니다.

✪ 대화의 123법칙 : 한 번은 자신이 말하고, 두 번은 상대방이 말할 기회를 주며, 세 번은 맞장구를 쳐라.

● **공감해주고 마음 읽어주기**

- 아이와 대화를 나누는 동안 아이의 감정을 거의 같은 내용과 수준으로 공감하고 표현해 줍니다.
- 진정한 속마음을 읽어 주셨다면 아이가 자신의 불편한 감정을 털어 버릴 수도 있고, 문제 해결방법을 스스로 찾아낼 수도 있습니다.

● '나'를 주어로 말하기(I-massage)

- 'I-massage'는 상대방을 평가하고 해석하는 것이 아니라 자신이 느낀 감정을 이야기하기 때문에 위협적으로 들리지 않으며 대화를 부드럽게 이어나갈 수 있습니다.
- 'I-massage'로 말하는 방법

    1단계 : 수용할 수 없다고 느끼는 행동은 무엇인가(행동)

    2단계 : 그 행동은 나에게 어떤 영향을 끼치는가(영향)

    3단계 : 그로 인해 어떤 느낌이 드는가(느낌)

    예) 네가 책상에 올라가면(행동) 책상도 망가지고 시끄러우니까(영향) 싫어(느낌).

      겉옷을 아무데나 두면(행동) 선생님이 치워야 하니까 힘들고(영향) 속상해(느낌).

- 'You-massage'와 'I-massage'의 차이점

|  | You-massage(너-메시지) | I-massage(나-메시지) |
|---|---|---|
| 개념 | '너(You)'가 주어가 되는 말 | '나(I)'가 주어가 되는 말 |
| 예시 | · 너는 인사도 안하니?<br>· 그만 좀 뛰어라.<br>· 어딜 이렇게 돌아다니니? 자꾸 늦을래? | · 네가 인사를 안하니까 선생님은 무시당하는 기분이 들어서 속상해.<br>· 네가 뛰다가 다칠까봐 선생님은 겁나.<br>· 네가 돌봄교실에 늦게 오니까 선생님은 걱정이 되고 불안했어. |
| 결과 | 말의 초점은 아이에게 있으며 교사가 왜 저렇게 말하는지 이해를 하지 못하고 명령으로만 들을 수 있음 | 말의 초점은 교사에게 있으며 아이의 행동으로 인해 선생님이 어떤 느낌을 받는지 이해하게 됨 |
| 효과 | · 비난이나 평가하는 말로 해석되어 방어적, 공격적 반응이 일어남<br>· 죄의식을 갖거나 자존심이 상함<br>· 반항심, 공격적, 방어를 야기함 | · 느낌의 책임을 자신에게 돌림<br>· 부정적 평가가 없기 때문에 방어, 부적응이 일어날 가능성이 적음<br>· 관계가 나빠지지 않음 |

## 자존감이 쑥쑥 올라가는 교실로~

좀 억울한 일이 있어도, 친구가 나쁜 말로 건드려도 끄떡하지 않고 "다음번에 잘할게요. 괜찮아, 난 상관 안해."라고 말하는 아이가 정말 있습니다. 이런 멋진 아이들의 밑바탕에는 부모(혹은 보호자)와의 충분한 애착관계가 형성되어 있습니다. 나에게는 언제나 내가 잘 되기를 바라는 사람, 끝까지 나를 응원해 주고, 내 편인 사람이 있다는 믿음이 있어 설령 지금 좀 불편하고 잘 안 되는 일이 있더라도 자신감이 있어서 견뎌낼 수 있고, 노력하게 되는 것 같습니다.

한두 번의 백점 맞은 시험지로, 한두 번의 칭찬으로 아이들의 자존감이 높아지는 것이 아닙니다. 하지만 우리가 이 아이들을 맡고 있는 동안은 작은 성공을 자주 경험하게 하고, 아이의 말을 성의껏 들어주고, 칭찬과 격려를 아끼지 않는다면 이 아이들은 아직 어리기 때문에 자존감이 쑥쑥 성장하리라 확신하며 더 친절하고, 함께 있음에 더 기뻐해 줍시다.

● 자존감이 높은 아이와 낮은 아이

| 자존감이 높은 아이 | 자존감이 낮은 아이 |
| --- | --- |
| - 자신에 대해 스스로 높은 기대를 가짐<br>- 자기 신체에 대한 만족도가 높음<br>- 시작한 일은 끝까지 최선을 다함<br>- 다른 사람에 크게 의존하지 않음<br>- 긍정적으로 사물이나 사건을 인식함<br>- 새로운 시도나 도전을 좋아함<br>- 다른 사람을 잘 배려함<br>- 스트레스 관리 능력이 높음 | - '난 못해', '난 몰라'라는 말을 자주 사용함<br>- 잘하는 일은 과도하게 자신을 과시하고, 자신 없는 일은 시도조차 안하려고 함<br>- 다른 사람에게 지나치게 의존적임<br>- 다른 사람의 시선과 평가에 민감함<br>- 새로운 일을 하기를 두려워함<br>- 쉽게 포기함<br>- 스트레스를 쉽게 받음 |

● 자존감 쑥쑥 높여주는 방법

- 작은 성공을 자주 경험하게 합니다. 노력하면 성공할 수 있을 만큼의 과제를 주고, 성공하면 같이 기뻐해 주고, 노력에 대한 칭찬을 많이 해줍니다.
- 칭찬은 구체적이고 객관적으로 해야 합니다.
- 다른 아이들과 비교하지 않습니다.
- 자신이 정한 일은 반드시 끝까지 할 수 있도록 옆에서 독려합니다.

- 새로운 일에 흥미를 갖도록 함께 시작해 주면 좋습니다.
- 권위적이지 않고 친구같이 대하며, 대화를 많이 하도록 합니다.

## 함께 머물고 싶어지는 교실로~

선생님들께서는 어느 모임, 어느 자리에 가고 싶으신가요?

당연히 나를 알아주고, 나를 좋아하는 사람들이 있는 모임과 자리에 가고 싶지 않으신가요? 아이들도 마찬가지일 거라 생각합니다.

내가 나를 굳이 설명하지 않아도 나의 빛나는 존재를 알아주고, 내가 좋아하는 사람이 있는 곳에 가고 싶겠죠. 그런 교실이 돌봄교실이면 됩니다.

나를 안아주는 선생님, 나를 인정해 주는 선생님, 나의 억울함을 풀어주는 선생님, 백점 맞은 시험지를 가장 먼저 들고 와 칭찬받고 싶은 선생님이 되도록, 또 나와 동등하며 즐겁게 놀 친구들이 있는 곳으로 달려올 수 있도록 합시다.

실천방법은 제가 교실에서 하는 것을 몇 가지 적어봤는데, 앞으로 아이들의 입장에서 더 고민해 보면 많은 방법들이 있을 거라고 생각합니다. 부족한 저에게도 좀 알려주세요!

● **돌봄교실에 들어오는 아이 반겨주기**

돌봄교실에 들어오는 아이들은 최대한 반겨줍니다. 웃으면서 인사하는 것은 기본이며, 오늘 옷차림이나 머리 스타일에 대하여 칭찬을 할 수도 있고, 하이파이브 인사는 아이들이 좋아하는 것 중 하나입니다. 우울한 얼굴로 들어오는 아이들은 살짝 간지럼을 태워서 웃게 할 수도 있으며, 들어오는 아이들에게 바로 퀴즈를 풀게 하여 무조건 맞추게 한 다음 비타민제를 하나씩 입에 넣어줄 수도 있습니다.

● **스킨십 하기**

돌봄교실의 아이들은 아무래도 엄마와 떨어져 있는 시간이 길기 때문에 더 각별하게 애정을 쏟을 필요가 있습니다. 이때 대화도 좋지만 '안아주기'는 참 좋은 방법입니다. 처음에는 쑥스러워하지만 안아주기를 해보면 싫어하지 않는다는 걸 느낄 수 있습니다. 악수하기, 머리 쓰다듬어 주기, 등 토닥여 주기 등도 좋습니다.

- ### 칭찬노트, 불만노트

    교실 한쪽 코너에 예쁜 노트 두 권과 다양한 필기구를 준비합니다. 노트 제목이 한 권은 '칭찬노트', 다른 한 권은 '불만노트'입니다. 노트 제목에 맞게 아이들이 특별한 양식 없이 쓰거나 또는 칭찬노트의 경우 '칭찬하는 사람 : ㅇㅇㅇ, 칭찬받을 사람 : ㅇㅇㅇ, 언제 : ---, 어디서 : ---, 칭찬하는 이유 : -----'처럼 양식이 간단히 있어도 좋습니다. 불만노트도 마찬가지입니다. 누구에게 불만인지, 이유는 뭔지 등을 씁니다. 하지만 양식에 구애받기 시작하면 쓰는 행위 자체가 싫어질 수 있으므로 유의해야 합니다.

〈칭찬노트〉
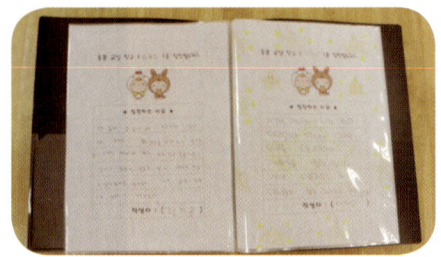

- ### 사과나무(칭찬나무, 우정나무, 감사나무) 키우기

    죽어가는 나무가 있다면 돌봄교실에 가져와 꽃피워 보세요. 아이들의 사과하는 말과 칭찬하는 말로……. 나무 옆에는 쓸 수 있는 종이(사과모양, 하트모양 카드면 더 좋아요. 처음에 몇 장만 만들어 놓으면 다음부터는 아이들이 만듭니다)와 필기구를 준비해 주세요. 그리고 말로 할 수 없는 이야기들을 글로 써서 나무에 달아 보세요. "ㅇㅇ야, 오늘 미술시간에 같이 하자고 했는데 다른 애들이랑 해서 미안해. 사과할게!" 또는 선생님께서 먼저 카드를 써서 달아주셔도 좋습니다. "우리 돌봄교실 친구들아, 너희들이 오늘 과학 실험 끝나고 선생님이 말도 안했는데, 정리를 완벽하게 서로 도우며 해줘서 참 고맙다!"

    - 나무가 없다면 작은 코르크 환경판(아이들이 떼고 붙이기 쉬운 곳에 위치)에 나무 모양을 간단히 색종이로 붙여주고 아이들에게 카드(또는 포스트잇)를 붙이게 해주어도 좋습니다.

    - 저희 교실에는 '크리스마스트리'가 자주 등장 합니다. 학기 초에는 칭찬나무가 되고, 5월에는 감사나무(감사카

〈저희반 '감사나무'입니다. 5월이면 등장하는…〉

드, 감사편지, 감사쪽지가 달린)가 되며, 12월에는 당연히 반짝반짝 전구가 빛나는 크리스마스트리가 되지요.

### ● '우리 반 천사' 뽑기

일주일에 한 번이나 한 달에 한 번 정도 착한 일을 많이 한 친구를 뽑는데 아이들과 거수로 결정해도 좋고, 쪽지에 이름을 써서 한 아이를 뽑습니다. 그런 다음 돌봄교실 선생님이 마련한 작은 선물을 증정하는 시간을 가집니다. 경험에 의하면 학기 초에는 아이들이 선물을 받고자 하는 마음에 착한 일을 많이 합니다. 또 선물을 안타깝게 못 받은 친구는 샘을 많이 내기 때문에 기간을 정해서 하는 것이 좋습니다. 하지만 학기 초가 지나면 아이들도 식상해 하기 때문에 어느 정도 시간이 지나면 '우리 반 천사' 뽑는 기간을 좀 늦출 수도 있고, '천사'가 아닌 다른 이름을 공모하여 뽑는 것도 재밌습니다.

### ● 칭찬받을 친구에게 종이비행기 날리기

정사각형의 종이에 칭찬해 주고 싶은 친구에게 칭찬의 말을 쓴 다음, 종이비행기로 접어서 칭찬받을 친구에게 날려주는 활동으로 제일 비행기를 많이 받은 학생에게는 칭찬의 박수를, 적게 받은 친구에게는 격려의 박수를, 다 함께 신나는 박수를 치며 마무리합니다.

### ● 마니또 되어 수호천사 하기

'마니또'는 비밀친구라는 뜻으로 학기 말이나 크리스마스 때 마니또 활동을 하면 좋습니다. 제비뽑기를 하여 마니또를 정한 다음, 마니또를 발표하는 날까지 그 친구의 수호천사가 되어 몰래 도와주고, 마니또 발표 당일에는 작은 선물도 준비하여 카드와 함께 줍니다.

### ● 작은 텃밭 가꾸기

텃밭이 있는 학교의 경우 돌봄교실에서도 작은 부분을 배정받아 아이들과 함께 텃밭을 가꾸는 경험을 하면 좋습니다. 상추나 방울토마토처럼 자라는 것이 눈에 보이고, 직접 먹을 수 있는 작물을 선택하면 좋습니다. 학교에 텃밭이 없는 경우 교실에 약간 큰 직사각형의 화분을 마련하여 화초를 키웁니다. 이때 물 주는 당번을 정해서 화초에 애정이 가도록 하면 더 좋겠습니다.

〈텃밭 가꾸기〉

## 이벤트가 많은 교실로~

여자들은 '이벤트'를 좋아합니다. 또한 아이들도 이벤트를 정말로 좋아하더라고요. 돌봄교실은 방학이 없기 때문에 어떨 때는 매일 매일이 똑같은 일상의 반복입니다. 그럴 때 우리 삶에 소소한 행복을 주는 것이 이벤트입니다.

이벤트라고 해서 거창한 것이 아니라 이벤트를 할 날짜를 미리 정하거나 계획함으로 해서 아이들과 함께 조금 더 즐겁게 기다려지는 일이 있고, 그 날에는 재밌는 활동을 한다고 생각하시면 됩니다. 이벤트를 자주 하다보면 아이들에게서 신선한 아이디어가 쏟아져 나옵니다. 이벤트 내용, 당첨 방법, 선물(또는 재밌는 벌칙) 등을 아이들과 충분히 이야기 나눈 뒤 민주적으로 진행하면 더 즐거운 돌봄교실이 될 것입니다.

- **설날 : '세배 멋지게 하기'**

아이들이 선생님께 세배를 하면 복주머니와 함께 세뱃돈을 주는 이벤트입니다. 복주머니를 제대로 만들기는 어렵지만 간단하게나마 제각기 다른 모양의 복주머니를 만든 다음 약간의 세뱃돈(또는 선물)을 넣어둡니다. 그리고 세배를 멋지게 한 아이들의 순위를 정해서 그 순서대로 복주머니를 먼저 선택하게 하는 것입니다. 여기서 복주머니 모양은 달라도 세뱃돈은 똑같아야 해요. 각자 다르면 즐거운 명절 이벤트 하다가 우는 아이 생깁니다. ∞

- **추석 : '송편만들기'**

요리활동을 통하여 '누가 가장 예쁜 송편을 만들까?'를 할 수 있습니다. 그래서 가장 예쁘게 만든 아이에게는 모든 아이들이 만든 송편을 하나씩 더 준다거나 입에 넣어주기, 또는 가마 태우기 등의 선물을 해줄 수 있습니다.

- **할로윈 : '할로윈 복장 콘테스트'**

  모둠을 짜서 그 중 한 명을 교실에 있는 물건이나 옷으로 할로윈 분위기의 복장이 되도록 함께 꾸미는 것입니다. 콘테스트를 한 후 제일 괴기스러운 복장이라고 생각하는 팀의 복장에 스티커를 붙여 줍니다. 스티커가 가장 많은 팀에게 선물을 줄 수도 있고, 스티커가 가장 적은 팀에게 재밌는 벌칙을 줄 수도 있습니다.

- **발렌타인데이 & 화이트데이** : 초콜릿이나 사탕, 카드와 함께 좋아하는 친구에게 고백하기.

- **스승의 날** : 아이들이 선생님을 위한 롤링 페이퍼 작성하여 증정하기.

- **빼빼로데이(가래떡데이)** : 요리활동으로 빼빼로 만들어 나눠 먹기.

- **올림픽이나 월드컵 시즌** : '우리나라 어떤 선수가 첫 골을 넣을까', '금메달 개수 맞추기'.

- **첫 눈 오는 날 이벤트** : 작은 모양초 만들고 촛불 켜기.

- **크리스마스** : 과자파티를 하면서 특정 모양과자 찾는 사람 프리허그 하기.

- **칭찬릴레이 이벤트**

- **생일파티**

- **수료파티**

★쉬는 시간 2

## 지영샘, 진심으로 후회하다 : 언제나 온 마음을 바칠 것!

아이들은 부모님의 살뜰한 보살핌 속에서 자랍니다. 하지만 돌봄교실 아이들 중 한 해에 한두 명은 그늘이 느껴지는 아이가 있습니다. 보통은 부모님의 보살핌을 받을 수 없거나 가정에 문제가 있는 아이들이죠. 그런 아이들을 특별히 더 잘 돌보라고 '나(돌봄선생님)'라는 사람이 존재하는 것이라고 다짐하지만 보통 아이들보다 몇 배나 힘들게 하고 지치게 하는 것 또한 사실입니다.

몇 년 전에 부모님이 안 계시는 민수(가명)라는 아이가 있었습니다. 그래서 민수는 독신으로 살고 있던 친척분이 맡아서 키우셨는데 건강이 그리 좋지 않으셨습니다. 그분은 동의하지 않으시겠지만 제가 생각하기에 민수는 입학과 동시에 학교에서 키우는 아이가 되었습니다.

아침은 돌봄교실에 와서 김밥(또는 주먹밥) 먹고, 점심은 교실에서 먹고, 저녁은 또 돌봄교실에서 먹고…… 귀가도 석식을 해주시는 선생님께서 퇴근하시면서 민수집에 데려다 주셨어요. 공부도 학교에서 하는 것이 전부였습니다. 입학할 때 한글과 숫자도 모르고 왔으니 다른 아이들보다 몇 배로 더 손이 갔습니다. 또 조금만 잘해줘도 달라붙어서 애정을 갈구했죠. 만지고 응석부리고 애기짓 하고…….

민수는 또래 아이들보다 키도 작고, 왜소하며 머리와 옷은 늘 지저분했습니다. 어느 날은 교장선생님께서 학교에서 손수 민수를 목욕시키셨습니다. 옷은 학교 세탁기에서 빨고……. 교장선생님의 고귀한 뜻을 알기에 아이를 맡은 저로서는 당연히 해야 했습니다.

학교의 많은 분들이 일주일에 한 번씩 민수가 학교에서 목욕하고 옷을 세탁하는 것을 아시고는 돌봄교실에 민수 내복, 양말, 작아서 못 입게 된 옷들을 가져다주시고 저에게 좋은 일 한다고 한 마디씩 하셨습니다. 하지만 이런 말들이 오히려 저에게는 부담이 되고 있었죠. 민수가 지저분해도 스트레스(제가 안 씻기는 것처럼 남들이 볼까봐), 받아쓰기를 50점 받아와서 스트레스(공부는 학교에서만 하니까), 너무 빼빼한 것도 스트레스(잘 못 먹이는 것 같아서)였습니다. 그렇게 가을과 겨울이 가고 민수가 2학년이 되었습니다.

2학년이 된 민수를 씻기면서 저는 폭발하고 말았습니다. '아니, 정작 내 아들은 학교에 들어가기 전부터 혼자 머리 감고 목욕하고 했는데, 이 아이는 대체 나한테 뭐라고 2학년이나 된 남자아이를 내가 이렇게 씻겨야 한단 말인가. 초등학교를 졸업할 때까지 돌봄교실에 다닐 테고, 그럼 나는 얘를 계속 이렇게 책임져야 한단 말인가! 앞으로도 자그마치 5년을!!' 아이한테 티를 안내려고 했지만 눈치 빠른 아이니 제가 기분 안 좋게 씻긴다는 것을 모를 리 없었을 것입니다. 그런데 며칠 지나지 않아서 민수가 학교에 나오지 않았습니다. 다른 동네로 갑자기 이사를 갔다는 것입니다.

저는 그제야 또 바보같이 깨달았습니다. 설령 민수가 6학년까지 다닌다고 해도 제가 다른 사람들의 시선을 의식해서 행동하는 것이 아니라 아이 스스로 목욕하는 즐거움을 알게 하고, 공부하는 습관을 가르치며, 정작 중요한 것은 차고 넘치는 사랑을 아이에게 줬어야 한다는 것을…….

김지영, 있을 때 잘해!!
끝이 안 보인다고 느낄지 모르지만 끝은 반드시 있고, 또 끝은 생각보다 그리 길지 않아.
언제나 최선을 다하기! 특히 나를 필요로 하는 일에는 더욱 온 마음 바칠 것!

# 3교시 재밌는 교실, 다양한 활동을 하자!

주제 1. 기본 교육활동

주제 2. 창의·체험활동

주제 3. 신체활동

# 재밌는 교실, 다양한 활동을 하자!

현재 돌봄교실에 '길라잡이'는 있지만 정해진 교육과정은 따로 없습니다. 그래서 힘들기도 하지만 또한 돌봄교실의 매력 중 하나입니다.

'아이들은 어떤 활동을 좋아할까?' 늘 고민합니다. 그런데 어느 순간 선생님인 내가 좋아하는 수업을 아이들도 좋아한다는 걸 알았습니다. 아무래도 내가 좋아하는 수업은 내가 잘하는 수업이며, 열정을 가지고 다양하게 진행하기 때문입니다.

돌봄선생님들은 유치원교사 자격을 가지고 계신 분도 많지만, 다른 분야를 전공하고 보육교사 자격을 가지고 계신 분 또한 많습니다. 미술을 전공한 선생님은 당연히 미술활동을 제일 잘하실 것이며, 영어를 좋아하시거나 이쪽으로 관심이 많으신 선생님은 원어민 발음으로 영어를 잘 가르치실 수 있습니다(아닌가요?😎).

저는 유아교육을 전공했습니다. 그래서 뛰어나게 잘하는 것도 없지만 딱히 못하는 것도 없습니다. 좋게 말하면 다방면으로 전천후 수업이 가능하다는 것으로 스스로 위안받습니다.

물론 돌봄교실에서 '특기적성강사'를 예산이 허락하는 범위 내에서 쓸 수 있습니다. 외부 강사의 경우 본인이 지도하는 프로그램은 돌봄선생님보다 더 전문가일 수 있으나 어떨 때는 아이들의 특성을 잘 알고 있는 우리가 지도하는 것이 효과가 더 좋을 때도 많습니다. 어쨌든 좋은 프로그램을 잘 선택하는 일, 또 우수한 무료 프로그램을 시기에 맞춰 신청하는 일도 돌봄선생님의 중요한 역할입니다.

이번 시간에는 '도움받을 수 있는 사이트'를 해당 부분에 바로 기재했습니다. 책이라 하이퍼링크로 연결되지 않는 것이 애석하지만 반드시 직접 들어가보시면 좋겠습니다. 아시다시피 돌봄교실에는 '교과서'가 없고, 모든 자료를 선생님들이 만들 수도 없습니다. 그러니 해당 사이트에 들어가 도움을 받아서 조금이라도 수월하게, 조금이라도 흥미롭게 진행했으면 하는 것이 제 바람입니다.

## 주제1 기본 교육활동

돌봄교실에서 아이들과 할 수 있는 프로그램은 정말 다양합니다. 앞에서 말씀드린 대로 돌봄교실에는 교육과정이 따로 없습니다. 이것을 바꿔 생각하면 어떤 활동도 가능하다는 것이죠. 그래서 처음 돌봄교실에서 근무하는 선생님께서는 도대체 어떤 프로그램을 하면서 돌봄교실의 일과를 계획해야 할지 난감해 하십니다. 너무나 당연합니다.

일반 학급에서는 과목마다 수업시수가 있고, 그 해당 시수에 이루어야 할 목표와 주제에 맞춰 진행하면 됩니다. 같은 학년이라면 지도하시는 선생님에 따라 수업 자료와 방법이 다를 뿐입니다. 하지만 돌봄교실은 다릅니다.

오후 내내 놀리기만 할 수도 있으며, 5~6가지 프로그램을 쉬지 않고 계속 운영할 수도 있습니다. 그렇다면 과연 어떤 것이 옳을까요? 당연히 정답은 없습니다. 그때그때 상황(날씨, 아이들 상태 등)과 돌봄선생님의 역량에 따라 다릅니다. 그래서 저는 그 동안의 경험으로 돌봄교실의 활동을 세 가지 축으로 나누었습니다. 굳이 나눈 이유는 '돌봄교실의 하루 일과'에서 이 세 가지가 포함되면 바람직하다고 생각하기 때문입니다.

첫 번째 축은 기본 교육활동(기본 생활습관 지도, 안전교육, 숙제 및 학습 지도, 독서교육)이며, 두 번째 축은 창의·체험활동(다양한 프로그램-NIE, 메이킹북, 미술, 요리, 과학 등)이고, 세 번째 축은 신체활동(체육, 게임, 전통놀이 등)입니다.

'기본 교육활동'은 하루에 밥을 세번 먹듯이 돌봄교실에서 밥 먹듯이 하는 일들입니다. 매일 먹는 밥이니 대충 먹나요? 그렇지 않죠. 매일 매끼마다 먹는 밥도 제대로 먹어야겠죠. 그래서 돌봄교실에서 밥 먹듯이 이뤄지지만 제대로 이뤄져야 하는 일들, 즉 바르게 간식 먹는 것, 숙제하는 것(또는 학습), 그리고 독서하는 것이며, 여기에 가장 기본적이고도 중요한 생활습관 지도나 안전교육을 하는 것입니다.

'창의·체험활동'은 돌봄선생님의 개인적인 역량이 가장 많이 발휘되는 부분입니다. 아이들 발달에 맞는 어떤 프로그램을 하셔도 되지만 선생님께서 제일 좋아하고 잘하는 프로그램을 운영할 때 아이들의 호응도가 높습니다. 그런 이유로 돌봄선생님은 많이 공부하셔야 합니다.

'신체활동'은 가장 쉬워 보이지만 절대 그렇지 않고, 반드시 포함되어야 하는 일과 중

하나입니다. 특히 저학년의 경우는 돌봄교실에 일찍 오기 때문에(고학년은 점심시간이나 쉬는 시간을 이용하여 스스로 신체활동을 많이 함) 신체활동을 통해서 스트레스도 해소하고, 신체 발달도 도와야 합니다. 선생님들께서도 많이 고민하셔서 주관을 가지시고 돌봄교실의 하루 일과를 보람차게 운영하시기 바랍니다.

## 기본 생활습관 지도

'기본 생활습관 지도'는 가장 기본적이면서도 중요한 교육이므로 '연간 교육계획'에 꼭 포함하여 아이들의 생활 속에 녹아들어 몸으로 익힐 수 있도록 지도하면 좋겠습니다. 따로 지도시간을 가지실 때 간단한 노래로 불러보거나 동영상 시청, 동화 읽기, 경우에 따라서는 역할극으로 진행하셔도 좋습니다.

유치원 때 보통 기본 생활습관에 대해서 부모님이 체크하는 체크리스트도 많이 사용하는데, 돌봄교실 학생들의 경우에는 본인이나 친구가 체크를 하는 것도 재밌습니다. 체크리스트로 좋은 결과가 나온 학생에게 보상이 따르는 것은 당연한 일입니다. 아이들이 좋아하는 것으로 그때그때 바꿔서요.

아이는 가정과 학교가 함께 키워가는 것입니다. 요즘은 '밥상머리교육, 침대머리교육'을 중요시 여기는 만큼 가정에서 도움이 될 만한 '부모교육' 내용을 '가정통신문'에 자주 올려서 부모님께서 보실 수 있도록 해주세요. 가정과 학교에서 함께 협력하여 바른 인성을 가진 어린이로 성장하도록 해야겠습니다.

### ✳ 1. 기본 생활습관 지도의 실천 덕목 : 질서, 자주, 예절, 배려, 청결, 절약 등

  ❂ 인성교육의 덕목 : 정직, 약속, 용서(보통 줄여서 '정약용'이라고 함)를 강조

### ✳ 2. 지도방법

- 기본 생활습관 지도는 언제 어디서나 지킬 수 있도록 반복적으로 지도하기
- 교실의 환경판이나 정해진 곳(잘 보이는 곳)에 매주 주제로 정한 것을 붙여주기
- 토큰 강화하기 : 칭찬 스티커, 비타민제 등 사용하기
- 모델링하기 : 교사가 먼저 바르게 행동함은 기본!

- 기본 생활습관 동화 읽고 느낀 점 이야기 나누기
- 역할극하기
- 체크리스트 사용하기(본인이 체크하거나 친구가 체크함)

〈기본이 바로 선 어린이〉

- 7월 -					해오름돌봄교실  이름 : ○○○

| 주 | 주 제 | 월 | 화 | 수 | 목 | 금 |
|---|---|---|---|---|---|---|
| 1주 | 우측통행하기 | | | | | |
| 2주 | 물 아껴 쓰기 | | | | | |
| 3주 | 바른 자세로 발표하기 | | | | | |
| 4주 | 선생님 돕기 | | | | | |

★ 잘 지킴 ○ / 보통임 △ / 못 지킴 ×

- **노래로 즐겁게 배우기**

  - '이 닦기 333' 실천하기(4월 1주)
    → 333치아송 : http://www.youtube.com/watch?v=v5Y5_o5g2tM
  - '손 씻기 365' 실천하기(6월 2주)
    → 뽀드득 뽀드득 뽀드득 : http://www.youtube.com/watch?v=EOx05lfpwyk
  - '아나바다 운동' 실천하기(2월 4주)
    → 아나바다송 : http://www.youtube.com/watch?v=d5SPMh32dww

- **동영상으로 배우기**

  - 에듀넷 : http://www.edunet.net/

  '주제별 학습자료' → '주제별 사진·영상자료' 클릭 → '문화예절' 클릭 → '예절교육', '효문화' 등 선택

  ✪ 생태환경, 사회이슈, 안전보건, 문화예절, 창의진로, 통일교육 등

  - 위민넷 : http://www.women.go.kr/

  '온라인강의실' → '초등자녀교육' 클릭 → 민주시민교육(협동, 배려), 생활교육(환경보호, 절약), 예절교육(바른말, 인사 등)

  - 여성가족부의 평등어린이세상 : http://kids.mogef.go.kr/

  '차이를 이해해요' 클릭 → 공평해요, 함께해요, 평등해요 → 양성평등, 성역할, 직업평등 등

## 3. 기본 생활습관 실천 사진

공수법으로 인사하기

손 씻기 365

이 닦기 333

친구와 사이좋게 지내기

바른 자세로 책 읽기

부모님께 감사하는 마음 갖기

## 4. 기본 생활습관 연간 프로그램의 예

〈1학기〉

| 월 | 주 | 활동주제 | 활동목표 |
|---|---|---|---|
| 3 | 1 | 질서 : 교실에서 지켜야 할 규칙 알기 | 교실에서 지켜야 할 규칙을 알고 지킨다. |
| | 2 | 자주 : 사물함 정리하기 | 자기 사물함과 책상을 깔끔하게 잘 정리한다. |
| | 3 | 청결 : 식사 전에 손 씻기 | 간식, 식사 전에 손을 깨끗하게 씻는 습관을 가진다. |
| | 4 | 배려 : 친구와 사이좋게 지내기 | 친구와 사이좋게 지내는 방법을 알고 행동한다. |
| 4 | 1 | 청결 : 이 닦기 333 실천하기 | 하루 3번, 3분 안에, 3분 동안 이 닦기를 실전한다. |
| | 2 | 자주 : 가방 정리하기 | 가방에 꼭 필요한 물건만 넣고 잘 정리한다. |
| | 3 | 절약 : 학용품 아껴 쓰기 | 학용품과 공공 물건을 아껴서 사용한다. |
| | 4 | 배려 : 부모님께 감사하는 마음 갖기 | 부모님께 감사하는 마음을 갖고 표현한다. |

| 월 | 주 | 활동주제 | 활동목표 |
|---|---|---|---|
| 5 | 1 | 질서 : 복도에서 뛰지 않기 | 복도에서는 사뿐사뿐 걸어 다닌다. |
| | 2 | 자주 : 신발을 신발장에 바르게 넣기 | 신발을 신발장에 바르게 넣는다. |
| | 3 | 예절 : 바른 자세로 책읽기 | 바른 자세로 책을 읽는다. |
| | 4 | 배려 : 동생에게 양보하기 | 동생 등 가족 간에 양보하는 마음을 갖는다. |
| 6 | 1 | 질서 : 한 줄로 서고 차례 지키기 | 한 줄로 차례차례 걸어 다닌다. |
| | 2 | 청결 : 손 씻기 365 실천하기 | 3(자주, 올바르게, 깨끗이) 6(6단계) 5(오늘부터)를 실천한다. |
| | 3 | 예절 : 욕이나 상처주는 말 안하기 | 친구들에게 욕이나 별명 등 상처주는 말을 하지 않는다. |
| | 4 | 배려 : 친구와 다투었을 때 화해하기 | 친구와 다투었을 때 화해하는 방법을 알고 행동한다. |
| 7 | 1 | 질서 : 우측통행하기 | 복도, 계단에서 우측통행함을 알고 실천한다. |
| | 2 | 자주 : 물 아껴 쓰기 | 물을 아껴 쓰는 습관을 갖는다. |
| | 3 | 예절 : 바른 자세로 발표하기 | 바른 자세로 서서 적절한 목소리로 발표한다. |
| | 4 | 배려 : 선생님 돕기 | 선생님이 도움을 요청했을 때 즐겁게 돕는다. |
| 8 | 1 | 질서 : 공공장소에서 질서 지키기 | 공공장소에서 지켜야 할 예절과 질서를 알고 지킨다. |
| | 2 | 자주 : 방학계획표 짜기 | 방학계획표를 스스로 짜고 지키도록 노력한다. |
| | 3 | 청결 : 항상 몸을 청결히 하기 | 항상 몸을 청결히 하는 습관을 가진다. |
| | 4 | 배려 : 친구와 인사 나누기 | 친구와 만나면 먼저 반갑게 인사한다. |

〈2학기〉

| 월 | 주 | 활동주제 | 활동목표 |
|---|---|---|---|
| 9 | 1 | 절약 : 수돗물 아껴 쓰기 | 수돗물을 틀어놓지 않고 아껴 쓴다. |
| | 2 | 자주 : 규칙적인 생활하기 | 일찍 자고 일찍 일어난다. |
| | 3 | 예절 : 어른께 공수법으로 인사하기 | 어른께는 두 손을 공손히 모으고 공수법으로 인사한다. |
| | 4 | 배려 : 친구에게 친절하기 | 친구에게 친절하게 대한다. |
| 10 | 1 | 준법 : 교통표지판 지키기 | 교통표지판을 보고 이해하며 지킨다. |
| | 2 | 자주 : 스스로 숙제하기 | 알림장을 확인하고 숙제하는 습관을 가진다. |
| | 3 | 예절 : 국가에 대한 예절 알기 | 국기에 대한 예절을 알고 애국가를 바르게 부른다. |
| | 4 | 배려 : 힘들어 하는 친구 도와주기 | 힘들어 하는 친구를 기꺼이 도와준다. |
| 11 | 1 | 절약 : 분리수거하기 | 쓰레기를 분리수거하고, 자원을 절약한다. |
| | 2 | 자주 : 안전한 음식물 골라 먹기 | 안전한 음식물을 확인하는 방법을 알고 먹는다. |

| | | | |
|---|---|---|---|
| 11 | 3 | 청결 : 깨끗하고 계절에 맞는 옷 입기 | 깨끗하고, 날씨에 맞으며 장소에 맞는 옷차림을 한다. |
| | 4 | 배려 : 집 안일 돕기 | 집 안에서 내가 할 수 있는 일을 알고 스스로 한다. |
| 12 | 1 | 정직 : 거짓말 하지 않기 | 불리한 상황에서도 거짓말 하지 않고 정직하게 말한다. |
| | 2 | 자주 : 스스로 공부하기 | 매일 일정량을 스스로 공부할 수 있는 습관을 가진다. |
| | 3 | 예절 : 차를 타고 내릴 때 예절 지키기 | 차를 타고 내릴 때 차례 지키고, 위험한 행동은 하지 않는다. |
| | 4 | 배려 : 어려운 이웃 돕기 | 주변에 어려운 이웃을 도울 수 있는 방법을 알고 실천한다. |
| 1 | 1 | 자주 : 컴퓨터 정해진 시간만 하기 | 컴퓨터 등 스마트기기들을 정해진 시간만 한다. |
| | 2 | 용서 : 용서하기 | 나에게 잘못한 사람을 용서한다. |
| | 3 | 예절 : 세배하기 | 남녀 세배법을 알고 어른께 세배한다. |
| | 4 | 절약 : 음식을 남기지 않기 | 음식을 남기지 않고 골고루 먹는다. |
| 2 | 1 | 예절 : 네티켓 지키기 | 바른 네티켓의 예절을 알고 지킨다. |
| | 2 | 자주 : 용돈 아껴 쓰기 | 용돈은 필요한 곳에만 쓰고, 저축하는 습관을 가진다. |
| | 3 | 예절 : 선생님께 감사함 표현하기 | 1년 동안 수고해주신 선생님께 감사한 마음을 전한다. |
| | 4 | 절약 : '아나바다 운동' 실천하기 | 아껴 쓰고, 나눠 쓰고, 바꿔 쓰고, 다시 씀을 알고 실천한다. |

# 안전교육

돌봄교실이 아무리 유익하고 재미있더라도 안전이 보장되지 않으면 아무런 존재의 이유가 없습니다. 등하교 시 안전은 물론 돌봄교실의 기자재와 교실환경 자체가 안전하도록 유념해야 하며, '안전교육'은 매 순간 이루어지는 것이기도 하지만 월 2회 이상 반드시 주제를 가지고 진행하시고, 일지에도 기록을 남기시는 것이 좋습니다. 또한 안전교육이 이루어진 내용에 대해서는 교실 한 쪽에 코너를 마련하여 표어처럼 붙여놓는 것도 좋은 방법입니다.

돌봄교실에서의 안전교육은 아이들의 흥미 유발을 위하여 동영상을 보는 것이 도입 방법으로 가장 쉽습니다. 아래에 보시면 동영상을 볼 수 있는 사이트를 많이 기재했습니다. 꼭 들어가서 확인해 보세요!

> 동영상 자료가 많으므로 학년별로 사이트를 정하시는 것도 방법입니다. 동영상을 본 후에는 직접 체험(보행안전, 놀이기구안전, 화재 시 대피요령 등)이나 역할놀이(유괴 예방, 성폭력 등)를 해 보는 것도 좋고, 'OX퀴즈'를 풀어보는 것도 안전에 대한 개념을 확실하게 잡아주는 훌륭한 방법입니다.

## 1. 안전교육의 분류

- 교통안전 : 보행안전, 승하차안전, 교통안전 규칙, 승강기안전
- 소방안전 : 화상안전, 화재안전, 화재대피
- 대인관계안전 : 실종아동, 성폭력, 유괴, 아동학대
- 실내안전 : 전기안전, 가스안전, 질식·중독안전
- 놀이안전 : 놀이기구안전, 바퀴 달린 놀이기구 안전, 물놀이안전, 빙상안전
- 환경안전 : 자연재해(지진, 태풍, 집중호우, 황사, 폭설), 환경오염
- 보건안전 : 청결, 전염병, 약물 오·남용, 흡연·음주안전
- 미디어안전 : 게임중독 예방, 인터넷안전

## 2. 지도방법

- 안전교육은 언제 어디서나 일어날 수 있도록 반복적으로 지도하기
- 주제에 맞게 '돌봄교실 안전생활규칙'을 만들어 교실의 잘 보이는 곳에 붙이기
- 동영상 보기 : 안전 관련 동영상, '위기탈출 넘버원' 등 시청하기
- 모델링하기 : 교사가 먼저 안전하게 행동함은 기본!
- 상황극 하기 : 주제에 대한 이야기를 나눈 후 상황극으로 연출하기
- 동화 읽기 : 주제에 맞는 동화책 읽고 이야기 나누기(예: 성교육동화)
- OX 퀴즈 : 교통이나 환경, 놀이안전 등에 대한 이야기를 나눈 후 OX퀴즈 풀기
- 실험 : 주제에 적합한 실험을 하고 이야기 나누기
  (예 : 음식물 변질에 의한 식중독실험)
- 실습 : 심폐소생술 익히기, 재난대응훈련(화재, 지진, 풍수해 등)
- 견학 : 어린이교통박물관, 소방서, 경찰서, 보건소 등 견학가기

## 3. 안전교육에 대한 좋은 사이트

게시용 자료는 출력하여 전시해서 아이들이 자주 볼 수 있도록 하며, 주제에 맞게 잘 만들어진 동영상을 보고 난 후 이야기를 나눌 수 있고, 또한 연계 프로그램으로 OX퀴즈나 게임 등을 진행할 수 있는 사이트 10곳을 소개해 드립니다.

● **아동안전사이버교육센터** : http://www.childsafedu.go.kr/

- 보건복지부, 한국생활안전연합, 대한적십자사, 서울시립대학교 제공
- 내용 : 성폭력 및 아동학대 예방, 실종 및 유괴의 예방, 약물 오남용 예방, 재난대비안전, 교통안전, 응급처치
- 회원가입(교사) → '자료마당' 클릭 → 초등학교 저학년과 고학년으로 구분되어 있으며 각 주제마다 PPT, 애니메이션(동영상), 활동지까지 출력 가능함
- '초등학교 고학년' → '응급처치' → 심폐소생술, 기도폐쇄 응급처치 등
- '교사용지도서'와 '안전송' 탑재

● **어린이안전넷** : https://www.isafe.go.kr:447

- 한국소비자원 제공
- 내용 : 교통안전, 가정안전, 학교안전, 놀이안전, 식품안전, 화재안전, 공공시설안전
- '재미있게 배워요' 클릭 → 어린이교실, 선생님/학부모교실, 미디어교육자료실에 동영상과 문제파일 제공 등

● **세이프키즈코리아** : http://www.safekids.or.kr/

- 내용 : 학교안전, 스포츠안전, 가정안전, 화재안전, 공공장소안전
- 회원가입 → '정보마당' → '어린이 안전나라' 클릭
- '안전나라 안전지킴이', '안전한 길, 안전한 어린이' : e-book으로 출력 가능
- '안전나라 안전지킴이' : 애니메이션(6주제로 각각 동영상 제공)

● **어린이안전교육관** : http://www.isafeschool.com/

- 내용 : 교통안전, 화재안전, 승강기안전, 가정안전(전기·가스안전, 비상용품)
- '어린이 안전놀이터' 클릭 → 안전 동영상, 게임 등

● **케미스토리(어린이 환경과 건강포털)** : http://www.chemistory.go.kr/

- 내용 : 환경안전(환경안전, 생활 속 유해물질)
- '어린이교실' 클릭 → 환경오염물질에 대한 정보, 게임, 퀴즈 등

- 한국어린이안전재단 : http://www.childsafe.or.kr/

  - 내용 : 어린이 자전거 안전
  - 화면 상단의 '자료실' 클릭 → 자전거안전 자료, Q&A, 자전거안전 퀴즈, 만화 등

- 기상청의 어린이기상교실 : http://www.kma.go.kr/

  - 내용 : 자연재해(지진, 황사, 천둥, 벼락 등), 일기예보에 관한 동영상, 사이버체험장
  - 화면 상단의 '지식과 배움'에서 '어린이 기상교실' 클릭

- 어린이경찰청 : http://kid.police.go.kr/

  - 내용 : 교통안전, 대인관계안전
  - '교육관' 클릭 → 어린이교통안전교육, 실종아동 예방플래시

- 쥬니어네이버 : http://jr.naver.com/

  - 내용 : 미디어안전, 대인관계안전
  - 상단의 '서비스 더보기'를 클릭 → '배움'을 클릭 → 각각의 '캠페인' 선택
  
  개인정보보호교실, 인터넷윤리 : 개인정보 보호퀴즈 맞추고 '수료증' 발급받기
  
  어린이 실종 예방 : 멈추기 → 생각하기 → 도와주세요
  
  아동 성폭력 예방 : 하지 마세요 → 신고하는 어린이 → 우리 몸 지킴이는 바로 나!
  
  아동 유괴 예방 : 안돼요 → 싫어요 → 도와주세요

- 안전지킴이-우당탕탕 아이쿠 : http://tvcast.naver.com/oopsikooo

  - 내용 : 학교안전, 약물안전, 생활안전, 실종 예방, 유괴 예방, 동물안전 등
  - EBS에서 방영, 위의 주소를 클릭하시면 안전에 대한 만화 동영상 탑재

## ✷ 4. 안전생활습관 실천 사진

운동장에서 안전하게 놀기

안전하게 물놀이하기

컴퓨터 적정 시간만 하기

비상구 표시 그리기

안전하게 자전거 타기

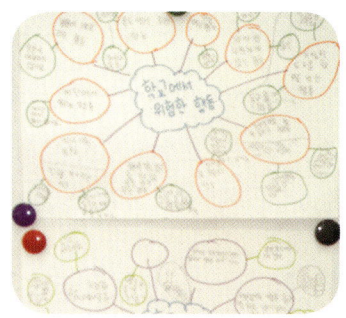
학교에서 위험한 행동-마인드 맵

지진에 대피하기

연기 속 대피방법 알기

횡단보도 안전하게 건너기

##  5. 안전교육 연간 프로그램의 예

〈1학기〉

| 월 | 주 | 활동주제 | 활동목표 |
|---|---|---|---|
| 3 | 1 | 실내 : 교실에서 안전하게 생활하기 | 교실에서 발생할 수 있는 사고를 알고 행동한다. |
|   | 2 | 교통 : 안전하게 등하교하기 | 등하교 시 위험요소를 알고 안전하게 행동한다. |
|   | 3 | 놀이 : 학용품 안전하게 사용하기 | 학용품 사용 시 일어날 사고를 알고 사용한다. |
|   | 4 | 교통 : 신호등 없는 길 안전하게 건너기 | 신호등이 없는 길에서도 안전하게 건넌다. |
| 4 | 1 | 실내 : 화장실 안전하게 사용하기 | 화장실에서 일어날 사고를 알고 행동한다. |
|   | 2 | 놀이 : 운동장에서 안전하게 놀기 | 운동장에서 주의할 점을 알고 논다. |
|   | 3 | 교통 : 횡단보도 안전하게 건너기 | 횡단보도에서 안전하게 건너는 방법을 알고 실천한다. |
|   | 4 | 보건 : 음식물 안전하게 섭취하기 | 불량식품을 알고 안전한 음식을 섭취한다. |
| 5 | 1 | 실내 : 우측통행하기 | 복도, 계단 등에서 우측통행함을 알고 실천한다. |
|   | 2 | 놀이 : 안전하게 놀이기구 이용하기 | 놀이기구를 안전하게 사용하는 방법을 알고 실천한다. |

| 월 | 주 | 활동주제 | 활동목표 |
|---|---|---|---|
| 5 | 3 | 환경 : 황사 발생 시 대처요령 알기 | 황사 발생 시 대처요령을 알고 행동한다. |
| | 4 | 소방 : 119에 신고하기 | 화재 발생 시 신고하는 방법을 알고 실천한다. |
| 6 | 1 | 실내 : 복도와 계단에서 질서 지키기 | 복도와 계단에서 안전하게 걷고 내려온다. |
| | 2 | 교통 : 교통수단 안전하게 이용하기 | 버스, 전철 등 교통수단을 안전하고 바르게 이용한다. |
| | 3 | 대인 : 내 몸은 내가 지키기 | 신고하는 용기를 지니고, 내 몸은 내가 지킨다. |
| | 4 | 환경 : 태풍 불 때 주의하기 | 태풍이 불 때 주의사항을 알고 안전하게 지낸다. |
| 7 | 1 | 교통 : 교통표지판 이해하기 | 각 교통표지판의 의미를 이해하고 지킨다. |
| | 2 | 보건 : 전염병 예방하기 | 전염병을 예방하는 법을 알고 실천한다. |
| | 3 | 놀이 : 바퀴 달린 놀이기구 안전하게 타기 | 바퀴 달린 놀이기구를 안전하게 이용한다. |
| | 4 | 소방 : 불의 위험함 알기 | 불의 위험함을 알고 안전하게 다루는 방법을 익힌다. |
| 8 | 1 | 보건 : 식중독 예방하기 | 식중독의 원인을 알고 조심한다. |
| | 2 | 놀이 : 안전하게 물놀이하기 | 안전하게 물놀이하는 방법을 알고 실천한다. |
| | 3 | 소방 : 연기 속 대피방법 알기 | 화재 발생 시 연기 속에서 대피하는 방법을 안다. |
| | 4 | 환경 : 집중호우, 해일에 대피하기 | 집중호우나 해일이 발생했을 때 대피하는 법을 안다. |

〈2학기〉

| 월 | 주 | 활동주제 | 활동목표 |
|---|---|---|---|
| 9 | 1 | 교통 : 자동차 보호장구 이용하기 | 자동차에 탑승 시 반드시 어린이용 카시트를 이용한다. |
| | 2 | 보건 : 안전하게 약 복용하기 | 약은 처방전대로 올바르게 복용한다. |
| | 3 | 대인 : 하지 마세요 당당하게 말하기 | 기분이 나쁜 느낌에는 당당하게 하지 말라고 말한다. |
| | 4 | 놀이 : 보호장구는 안전의 필수! | 보호장구를 착용해야 하는 놀이는 반드시 착용한다. |
| 10 | 1 | 교통 : 차에 타면 안전벨트 매기 | 차에 타면 제일 먼저 안전벨트 매는 습관을 가진다. |
| | 2 | 환경 : 지진 발생 시 대피요령 알기 | 지진이 발생 했을 때 대피요령을 알고 행동한다. |
| | 3 | 놀이 : 안전하게 자전거 타기 | 자전거를 안전하게 타는 방법을 알고 실천한다. |
| | 4 | 대인 : 길을 잃었을 때 대처요령 알기 | 길을 읽었을 때 대처하는 방법을 알고 행동한다. |
| 11 | 1 | 교통 : 안전하게 승강기 이용하기 | 승강기를 바르고, 안전하게 이용한다. |
| | 2 | 실내 : 집 안에서 안전하게 놀이하기 | 집 안에서 위험한 놀이를 하지 않고 안전하게 논다. |

| | | | |
|---|---|---|---|
| 11 | 3 | 대인 : 유괴 예방방법 알기 | '안 돼요 → 싫어요 → 도와주세요'를 알고 행동한다. |
| | 4 | 놀이 : 애완동물과 안전하게 놀기 | 애완동물과 안전하고 건강하게 논다 |
| 12 | 1 | 소방 : 화재 예방하기 | 화재의 원인과 예방방법을 알고 안전하게 생활한다. |
| | 2 | 실내 : 전기 안전하게 사용하기 | 전기를 안전하게 사용하는 방법을 알고 실천한다. |
| | 3 | 미디어 : 컴퓨터 적정시간만 하기 | 컴퓨터를 정해진 시간만 하고 스스로 끈다. |
| | 4 | 환경 : 가정에서 천연세제 쓰기 | 가정에서 천연세제 쓰고 화학세제 줄이기. |
| 1 | 1 | 놀이 : 겨울철 안전하게 놀이하기 | 겨울스포츠를 안전하게 즐기는 방법을 알고 지킨다. |
| | 2 | 실내 : 질식과 중독 예방하기 | 질식과 중독사고의 예방법을 이해한다. |
| | 3 | 소방 : 화상 조심하기 | 화상을 입지 않게 조심하고 응급처치 한다. |
| | 4 | 미디어 : 인터넷 건전하게 사용하기 | 불법 사이트에 접속하지 않고 건전하게 사용한다. |
| 2 | 1 | 실내 : 가스 안전하게 사용하기 | 가스를 안전하게 사용하는 방법을 알고 지킨다. |
| | 2 | 보건 : 흡연과 음주의 해로움 알기 | 흡연과 음주의 해로움을 알고 대처한다. |
| | 3 | 대인 : 신고하는 용기 지니기 | 부당한 일을 당했을 때 신고하는 용기를 지닌다. |
| | 4 | 미디어 : 네티켓 예절 알기 | 인터넷 사용 시 예절을 알고 올바르게 사용한다. |

# 숙제 및 학습 지도, 독서교육

## ☀ 1. 숙제 지도

'학부모 만족도 조사'를 실시해 보면 돌봄교실에 보내시는 이유 중 하나가 숙제를 봐주기 때문이라고 합니다. 하지만 선생님들에게는 숙제를 봐주는 일이 제일 힘든 일 중 하나입니다. 왜냐하면 돌봄교실에는 학년도 다양하고, 반도 모두 다르기 때문에 어떤 반은 늘 숙제가 많고, 어떤 반은 거의 숙제가 없어서 통일성이 없기 때문입니다.

숙제가 많은 반 아이들은 숙제와 받아쓰기(1~2학년이 많으므로)에 매달리다 보면 다른 프로그램을 진행하기가 어렵습니다. 그래서 저는 학부모님이 모두 참가하시는 오리엔테이션 때 돌봄교실에서는 석식을 먹고 가는 아이들만 숙제를 봐주는 것으로 말씀을 드립니다.

석식을 먹고 늦게 귀가하는 아이들은 돌봄교실에서 숙제를 하고 가는 것이 좋으나 오후돌봄만 하고 귀가하는 아이들이 숙제까지 하면 다른 활동은 지쳐서 못하고, 또한 부모님들께서도 최소한의 도리로 숙제는 봐주셔야 아이들의 학습 진행 상태와 알림장을 꼭 확인하실 수 있다고 말씀드린 다음 부모님 의견을 물으면 숙제는 집에서 하는 것으로 그 자리에서 결정이 납니다. 대신 저희는 수학 문제집을 매일 같은 양 시킵니다. 어떤 것이 좋은 방법인지 선생님들께서도 한 번 깊이 생각해 보셔요.

- 알림장을 확인하여 아이 스스로 할 수 있는 것(예: 수학익힘책 풀기, 받아쓰기 틀린 것 쓰기 등), 교사가 보조 자료를 찾는 데 있어 도움을 주어야 할 것(예: 봄에 피는 꽃사진 붙여오기 등), 가정에서 해결해야 할 것(예: 조부모님 성함 알기 등)을 구분합니다.
- 숙제는 아이 스스로 성실히 해결하는 습관을 가지도록 합니다.
- 숙제가 많은 날은 한꺼번에 다 하지 않도록 하고, 모르는 것은 질문하게 합니다.
- 교사는 아이에 맞게 동기부여, 칭찬과 격려, 보상을 할 수 있도록 합니다.

## ●Tip

### ♥ 숙제를 힘들어하는 아이의 유형과 해결책

**성취도가 낮은 형**: 학업 능력이 떨어지는 경우가 아니라면 어디가 어려운지, 어떤 부분이 재미있는지 자주 이야기를 나누며 격려해 줍니다. 또 쉬운 숙제를 먼저 해서 성취감을 맛보는 일이 동기부여가 되어 아이 스스로 발전하는 모습을 느끼도록 해줍니다.

**산만형**: 숙제할 수 있는 환경이 되도록 주변을 먼저 정리하고, '시간관리'를 할 수 있도록 적은 양을 주고, 정해진 시간에 완수해내는 과정을 반복하면서 집중력을 키웁니다.

**완벽형**: 이런 경우 대부분 숙제를 잘하지만 아이 자신이 스트레스를 받을 수 있으므로 사람은 누구나 실수할 수 있다는 것과 결과보다는 과정의 중요함을 이야기해 줌으로써 마음의 여유를 가지도록 합니다.

## ✹ 2. 학습 지도

돌봄교실에서 학습 지도를 하지 말라는 말이 초반에 돌아서 선생님들께서 상당히 혼란스러워했습니다. 여기서 말하는 학습 지도란 선행학습이나 시간을 계획하여 아이들을 모아 놓고 진도를 나가는 식의 수업진행을 하지 말라는 뜻이지 전혀 공부를 시키지 말라는 것이 아닙니다. 한글이나 연산 등 기초가 약한 아이들에게는 부족한 부분을 메워주고,

나머지 아이들에게도 자기 수준에 맞게 복습할 수 있는 수학학습지나 받아쓰기, 글쓰기 등을 진행하면 좋겠습니다.

우리 교실 아이들은 일단 돌봄교실에 오면 바로 자기 수준에 맞는 수학학습지를 1~2장 풀고, 받아쓰기를 한 번 한 후에 자유선택활동을 합니다. 처음에는 힘들어 할 수 있으나 1년을 꾸준히 진행하면 누가 말하지 않아도 척척 시작합니다. 이렇게 습관을 들이는 것이 초등학생에게는 꼭 필요한 일이라고 생각합니다.

- 숙제 지도와 수학(복습), 받아쓰기 정도를 꾸준히 하게 함으로써 '공부는 매일 정해진 시간에, 일정한 양을, 스스로 하는 습관 들이는 것'을 목표로 합니다.
- 수학 지도 : 자신의 수준에 맞는 문제집(80% 정도 문제해결 가능)을 선정하여 풀리며, 틀린 문제는 힌트를 줘서 다시 풀도록 하면 좋습니다.
- 받아쓰기 지도 : 매일 1급씩 써보도록 하며 2~3일에 한 번씩은 교사가 불러줘서 틀리는 문장은 확실히 익히도록 합니다.
- 학습 지도에 도움을 받을 수 있는 사이트
    - 기초학력향상지원 꾸꾸 : http://www.basics.re.kr/
    - 꿀맛닷컴 : http://www.kkulmat.com/
    - 초등아이스크림 : http://www.i-scream.co.kr/
    - 초등 T-셀파 : http://e.tsherpa.co.kr/
    - 꾸러기들의 지킴이 예은이네 : http://picture.edumoa.com/

## ✳ 3. 독서교육

독서는 삶을 풍요롭게 하며 모든 학습의 기초공사이고, 서술형 평가와 스토리텔링의 도입으로 읽기·쓰기 능력과 독서교육의 중요성은 더욱 강조되고 있습니다. 그러나 요즘은 인터넷, 스마트폰 때문에 독서하는 습관을 들이는 일은 결코 쉽지 않습니다.

돌봄교실은 책 읽기 참 좋은 곳이기 때문에 '독서습관' 들이는 것을 목표로 하면 좋겠습니다. 매일 30분 정도 독서시간이 일과에 포함되도록 하며 독서가 지루하지 않게 다양한 방법으로 접근해야 합니다. 더불어 자신의 생각과 느낌을 말과 글로 풀어낼 수 있는 기회를 많이 마련해 주어야 하며 다양한 활동으로 연결해 주면 좋겠습니다.

우리 교실에서는 간식을 먹고 나면 반드시 자기 자리에서 20~30분의 독서시간을 갖습니다. 물론 늦게 먹는 아이들은 그 시간이 줄어들지만 간식을 먹고 자기 자리를 정리한 후 매일 독서를 하면 이것도 습관이 됩니다. 독서는 매일 같은 시간에 하고, 독후활동은 따로 시간을 내어 진행합니다. 책은 읽는 것으로만 끝내는 것보다 다양한 활동으로 연결하면 더 깊이 있는 읽기가 되기 때문입니다. 아이들이 책과 가까워지도록 연구하는 선생님이 되도록 노력합시다.

● 매일 일정한 시간에 차분한 분위기에서 30분 정도 독서시간을 확보하여 습관을 들이는 게 좋으며, 같은날 독서시간에는 책을 자주 바꾸지 않도록 하면 좋습니다.

● **책 읽어주기** : 아이들 스스로 읽는 것도 좋지만 가끔은 선생님께서 꼭 구연동화가 아니더라도 책을 읽어주시거나 아이들 중에서 하고 싶은 사람이 나와서 책을 읽어주는 것도 재밌는 활동이 됩니다.

● **프로젝트 활동** : '책'은 프로젝트 활동하기에 참 좋은 재료입니다. 어떤 책이든 다양한 활동을 구상할 수 있습니다.

- '헬렌 켈러'(위인전) : '나중에 커서 어떤 직업을 갖고 싶을까?'에 대한 직업 체험, '장애우'에 대한 장애 체험활동, 헬렌 켈러가 했던 좋은 말들을 쓰고 느낀 점 이야기하기 등
- '잭과 콩나무'(동화) : 교실에서 직접 잘 자라는 식물을 길러 관찰일기 쓰기, 잭이 콩나무를 타고 구름을 뚫고 올라가는 장면을 메이킹북으로 만들기, 따라잡기 게임 등

● **도서관 방문** : 교실에서도 책을 읽지만 요일을 정하여 도서관에 함께 가서 책을 읽고 빌려오는 활동을 계획해도 유익합니다.

● **정보 탐색** : 동물이나 곤충 책 등을 읽고 더 자세히 알고 싶은 내용을 백과사전이나 인터넷으로 찾아보고, 궁금하고 재밌는 내용을 써보게 합니다.

● **사전 찾기** : 책을 읽다가 어려운 단어는 사전을 찾아보고 뜻을 써보는 활동으로 사전과 친해지는 경험을 할 수 있습니다.

● **역할극** : 등장인물을 정해 간단한 가면을 만들어 극놀이를 하고, 작은 인형을 만들어 인형극을 해봅시다.

● **독서토론** : 토론이란 단어는 거창하지만 아이들이 잘 아는 이야기를 가지고 찬반토론(예를 들면 '흥부가 꼭 착한 사람인가'를 가지고 흥부가 착한 사람인지 무능한 사람인지에 대하여 이야기해보기)을 해보면 엉뚱한 방향으로 흐를 수 있으나 아이들의 말하기 연습과 창의성을 길러줄 수 있어 요즘 권장되고 있는 활동입니다.

● **독서 골든벨** : 아이들이 만화책을 많이 읽고 권장도서나 필독서를 잘 안 읽을 경우가 많

아 활용하면 좋습니다. 한 학기에 한 번 정도 학년별 권장도서와 필독서를 중심으로 기간을 정해서 읽도록 한 다음 퀴즈를 내어 푸는 시간을 마련하는데, 이때는 상품(사전에 예고해야 효과가 큼)을 주는 것이 독서 열기를 올릴 수 있게 합니다.

● **독후활동지 개성 있게 작성하기**

- 마인드맵으로 생각을 펼쳐보자
- 동화의 인상 깊은 부분을 그림으로 그려보자
- 동화의 인상 깊은 부분을 동시로 지어보자
- 디자이너가 되어 책표지를 바꿔보자
- 내가 읽은 책을 친구들에게 소개해 보자
- 만화 4컷으로 줄여보자
- 주인공에게 상장을 만들어 주자
- 책 제목, 주인공 이름으로 삼행시를 지어보자
- 주인공에게 카드를 보내자
- 결말을 바꿔보자
- 6하원칙으로 이야기를 요약해 보자
- 책 속에서 제일 좋은 문장이나 말을 써보자
- 등장인물에게 어울리는 별명을 지어주자
- 흉내 내는 말을 찾아보고, 그 말에 어울리는 문장을 지어보자
- 동화작가가 되어 제목만 놔두고 다시 써보자
- 신나는 말놀이를 해보자(끝말잇기, 첫소리가 같은 단어 연결하기 등)

❋ '독후활동지'는 인터넷으로 교육 사이트나 카페에 들어가서 검색하시면 무궁무진합니다. 새로운 주제에 대해서는 이미 만들어진 자료에 제목을 수정입력해서 편리하게 사용하세요.

## ✳ 4. 독서활동 사진

매일 독서하는 습관들이기

도서관에서 책 빌리기

사전 찾기

책 읽어주기

역할극

독후활동지 작성하기

정보 찾기

독후화 그리기

마인드맵

## 주제 2  창의·체험활동

어느 돌봄교실에서나 기본으로 실시하고 있는 '기본 생활습관 지도, 안전교육, 숙제 및 학습 지도, 독서교육' 외에 다양한 프로그램은 학교에 따라 또 우리 돌봄선생님들의 능력에 따라 다르게 진행될 것이라 생각합니다.

요즘은 돌봄교실도 학생들이 1년만 다니는 것이 아니라 2~3년을 계속 다니는 아이들이 많기 때문에 같은 활동이라도 심화를 하거나 학년마다 다른 활동을 계획하시는 것이 바람직해 보입니다. 그리고 학교에 좋은 특기적성 강사가 있으면 이 활동을 한두 가지 맡기는 것도 좋은 방법입니다. 물론 예산이 허락하는 한에서요…….

저는 학기 중에는 특기적성강사를 쓰지 않습니다. 학기 중에는 시간도 짧은데 따로 강사를 채용하는 것은 예산낭비 같아서 재료를 사서 제가 운영하려고 합니다. 대신 제가 잘 못하는 체육(올해는 생활체육회에서 지원을 받아 일주일에 한 번 80분씩 무료로 수업을 받는데 강사님들 정말 훌륭하십니다)만 강사님이 오십니다.

여기서는 NIE, 메이킹북, 미술, 요리, 음악활동에 대한 연간계획안의 예까지 작성하였고, 과학, 교구활동, 영어회화, 컴퓨터는 돌봄교실에서 실시하는 방법 정도로 간단히 작성하였습니다. 프로그램은 정말 무궁무진한 것 같습니다.

프로그램에도 유행이 있습니다. '점토'의 예만 봐도 제가 처음에 교사를 할 때는 '찰흙'과 '밀가루점토' 밖에 없었지만 요즘은 손에 달라붙지 않고 색깔도 고운 다양한 재료들이 점토와 비슷한 성질로 만들어져서 시중에 많이 보급되어 있습니다. 그러니 항상 새로운 프로그램에 촉을 세우고 배우면서 내가 좋아하고 잘하는 것을 아이들에게 가장 잘 전달할 수 있다는 것을 잊지 마시고, 재밌는 프로그램이 가득한 돌봄교실로 이끌어 가면 좋겠습니다.

## NIE

신문은 '살아 있는 교과서'라고 합니다. 'NIE(Newspaper In Education)'는 신문을 활용한 교육으로 읽고 쓰는 능력은 물론 사고력과 창의력을 키워주고, 아이 스스로 흥미를

갖고 사회를 바라보는 시각을 키울 수 있으며, 배운 내용을 다른 학습에 적용하는 등 통합교육이 가능합니다. 그리고 최고의 장점은 돈이 들지 않는다는 것입니다. 밑에 기재되어 있는 어린이 신문 사이트에 들어가 보시면 일주일 단위로 자료가 업데이트됩니다.

저학년의 경우에는 아직 쓰기를 어려워하기 때문에 신문을 이용하여 자르고 오리고 붙이면서 간단하게 작성하는 방법이 좋고, 중학년부터는 신문 사이트에 들어가서 현재 이슈가 되고 있는 주제를 골라 써보는 방법이 좋답니다. 특히 NIE 수업은 전 학년에 걸쳐서 수준에 따라 진행할 수 있어서 돌봄교실에서 활용하기에 훌륭한 프로그램입니다. 꾸준히 진행한다면 시사상식에 박식한 어린이로 키워내실 수 있겠죠?

## 1. NIE 활동방법

### ❶ 신문의 글자나 그림, 사진 등을 오리고 붙이기

· 저학년의 경우 읽고 쓰는 능력이 아직 유능하지 않기 때문에 '주제가 있는 신문활동지'에 주제에 맞춰 신문에 있는 글자, 그림, 사진을 오리고 붙이면서 일단 신문과 친해지면 좋겠습니다.

**1단계:** 주제에 맞게 찾아 오리고 붙이는 신문 활용의 예

- 돌봄교실에 있는 물건을 찾아서 붙여보자
- 내 이름, 친구 이름과 똑같은 글자를 찾아서 붙여보자
- 두 글자로 된 물건을 찾아서 붙여보자
- 우리 집 전화번호 숫자를 찾아서 붙여보자
- 맛있는 음식을 오려서 밥상을 차려보자
- 내가 갖고 싶은 것들을 붙여보자
- 더운 여름에 우리를 시원하게 해주는 것들을 붙여보자
- 멋진 한글로 티셔츠를 꾸며보자
- 우리나라를 대표하는 것들을 찾아서 붙여보자
- 내가 달나라에 가게 된다면 가져가고 싶은 것을 붙여보자

**2단계:** 주제에 맞게 찾아 오리고 붙인 다음, 이유를 쓰는 신문 활용의 예

- 웃고 있는 사람을 찾아 붙이고, 왜 웃고 있는지 써보자
- 우리 가족에게 선물하고 싶은 것을 붙이고, 왜 그 물건인지 이유를 써보자

- 마음에 드는 사람들을 붙이고, 어울리는 이름을 지어주자
- 내가 팔고 싶은 물건을 붙이고, 광고 문구를 적어보자
- 여행 가고 싶은 곳을 붙이고, 왜 그곳으로 가고 싶은지, 누구와 가고 싶은지 적어보자
- 만화나 사진에 말풍선을 만들어 채워보자

'NIE 활동지'는 인터넷으로 교육 사이트나 카페에 들어가면 많이 있습니다. 새로운 주제에 대해서는 이미 만들어진 자료에 제목만 수정해서 편리하게 사용하세요.

### ❷ 신문기사를 활용한 방법

· 신문기사를 읽고 알게 된 내용을 적어보기
· 신문기사에 대한 나의 생각이나 주장하는 글 적어보기
· 신문기사에 의한 자신의 의견을 이야기하고 토론하기
· NIE 자료 사이트 이용하기 : 어린이 신문의 경우 내용이 일주일에 한 번씩 새로 업데이트되기 때문에 최신의 신문 내용을 가지고 수업할 수 있어 유용하고 컬러로 바로 출력이 가능하여 편리합니다.

## ✹ 2. NIE 신문기사 자료 사이트

● **한국신문협회** : http://www.pressnie.or.kr/

회원가입 → '수업 지도안' 클릭 → 학년(저·중·고)별로 신문 주제 활동지와 예시답안 출력하여 사용

● **어린이동아** : http://kids.donga.com/

'배움터' 클릭 → '신나는 NIE'의 '신문 속 교과서' 클릭 → 학년(저·중·고)별로 신문기사가 있어 문제와 예시답안을 다운로드하여 사용

● **소년한국일보** : http://kids.hankooki.com/

'NIE와 논술' 클릭 → '통합 NIE', '이솝 우화로 배우는 눈높이 논술', '고사성어' 클릭 → 적합한 주제를 찾아 '프린트'를 클릭하면 정답까지 출력

## ✱ 3. NIE 활동 사진

신문 내용 찾아 오리기

활동지 주제 신문에서 찾기

왕의 기사를 읽고 활동하기

신문을 이용하여 그림 그리기

우리나라의 음식 찾아 붙이기

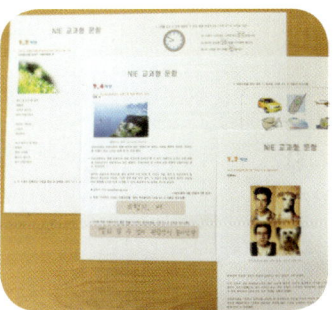
신문기사를 활용한 활동지

## ✱ 4. NIE 연간 프로그램의 예(속담, 고사성어 포함)

| 월 | 주 | 활동주제 | 월 | 주 | 활동주제 |
|---|---|---|---|---|---|
| 3 | 1 | 활동지 : 돌봄교실에 있는 것 찾아 붙이자. | 9 | 1 | 활동지 : 멋진 한글로 티셔츠를 꾸며보자. |
| | 2 | 속담 : 천 리 길도 한 걸음부터 | | 2 | 속담 : 낙타가 바늘귀 들어가기 |
| | 3 | 숨은 그림 찾기 1 | | 3 | 숨은 그림 찾기 4 |
| | 4 | 3월의 신문 기사를 읽고 주제에 맞게 쓰기 | | 4 | 9월의 신문 기사를 읽고 주제에 맞게 쓰기 |
| 4 | 1 | 활동지 : 친구이름을 잔뜩 붙여보자. | 10 | 1 | 활동지 : 한국을 대표하는 것을 찾아보자. |
| | 2 | 고사성어 : 죽마고우(竹馬故友) | | 2 | 고사성어 : 용두사미(龍頭蛇尾) |
| | 3 | 가로 세로 뉴스 퍼즐 1 | | 3 | 가로 세로 뉴스 퍼즐 4 |
| | 4 | 4월의 신문 기사를 읽고 주제에 맞게 쓰기 | | 4 | 10월의 신문 기사를 읽고 주제에 맞게 쓰기 |
| 5 | 1 | 활동지 : 가족에게 주고 싶은 선물 찾자. | 11 | 1 | 활동지 : 여행 가고 싶은 곳을 찾아보자. |
| | 2 | 속담 : 계란으로 바위 치기 | | 2 | 속담 : 고생 끝에 낙이 온다. |

| 월 | 주 | 활동주제 | 월 | 주 | 활동주제 |
|---|---|---|---|---|---|
| 5 | 3 | 숨은 그림 찾기 2 | 11 | 3 | 숨은 그림 찾기 5 |
| | 4 | 5월의 신문 기사를 읽고 주제에 맞게 쓰기 | | 4 | 11월의 신문 기사를 읽고 주제에 맞게 쓰기 |
| 6 | 1 | 활동지 : 맛있는 밥상을 차려보자. | 12 | 1 | 활동지 : 따뜻하게 해주는 것을 찾아보자. |
| | 2 | 고사성어 : 초지일관(初志一貫) | | 2 | 고사성어 : 화룡점정(畵龍點睛) |
| | 3 | 가로 세로 뉴스 퍼즐 2 | | 3 | 가로 세로 뉴스 퍼즐 5 |
| | 4 | 6월의 신문 기사를 읽고 주제에 맞게 쓰기 | | 4 | 12월의 신문 기사를 읽고 주제에 맞게 쓰기 |
| 7 | 1 | 활동지 : 시원하게 해 주는 것을 찾자. | 1 | 1 | 활동지 : 십이간지 동물이나 글자를 찾자. |
| | 2 | 속담 : 꿈보다 해몽이 좋다. | | 2 | 속담 : 떡 본 김에 제사 지낸다. |
| | 3 | 숨은 그림 찾기 3 | | 3 | 숨은 그림 찾기 6 |
| | 4 | 7월의 신문 기사를 읽고 주제에 맞게 쓰기 | | 4 | 1월의 신문 기사를 읽고 주제에 맞게 쓰기 |
| 8 | 1 | 활동지 : 캠핑 갈 물건을 찾아 붙이자. | 2 | 1 | 활동지 : 만화의 말풍선을 다르게 써보자. |
| | 2 | 고사성어 : 적반하장(賊反荷杖) | | 2 | 고사성어 : 우이독경(牛耳讀經) |
| | 3 | 가로 세로 뉴스 퍼즐 3 | | 3 | 가로 세로 뉴스 퍼즐 6 |
| | 4 | 8월의 신문 기사를 읽고 주제에 맞게 쓰기 | | 4 | 2월의 신문 기사를 읽고 주제에 맞게 쓰기 |

# 메이킹북

메이킹북(Making Book)은 '북아트', '팝업북'과 같은 활동이나 책 모양보다는 책 내용에 조금 더 강조점을 둔다고 할 수 있습니다. 책을 만들고 꾸미고 내용을 구성하는 과정에서 읽고 쓰는 언어 능력을 키워주는 것은 물론 책을 멋지게 만들고자 하는 과정에서 상상력, 심미감, 창의력을 키워주는 좋은 활동입니다.

돌봄교실에서는 메이킹북 활동을 일년 동안 꾸준히 구성할 수도 있으며 방학 중 특별 프로그램으로 구성해도 아이들이 책과 친해지는 계기가 됩니다.

## ✳ 1. 메이킹북 활동의 방법

● 경기도 교수학습지원센터 '책만들기 http://school.kerinet.re.kr/educenter/bookmaking/start.html'
 : 20가지 책 종류의 동영상이 있으며, 쉬운 과정이어서 아이들이 따라 하기 쉽습니다.
● 독후활동 : 동화책을 읽고 난 후 줄거리를 요약할 때, 새롭게 알게 된 내용을 기록하고 싶을 때
● 다양한 카드를 입체로 만드는 활동 : 감사카드, 생일카드, 초대장 등
● 단계에 맞는 메이킹북이나 북아트 교재와 재료를 구입하셔서 선생님께서 먼저 만들어 보고, 아이들과 함께 수업할 수도 있습니다.

## ✳ 2. 메이킹북 활동 사진

메이킹북 활동하기

감사의 마음 전하는 입체카드

봄·여름·가을·겨울

다양한 책 만들기

독후활동 : 곰 사냥을 떠나자

작품전시회 : 메이킹북

## ✳ 3. 메이킹북 연간 프로그램의 예

| 월 | 주 | 활동주제 | 월 | 주 | 활동주제 |
|---|---|---|---|---|---|
| 3 | 1 | 아코디언책 1 : 나 소개하기 | 9 | 1 | 텐트책 : 시간표 만들기 |
|  | 2 | 아코디언책 2 : 동시에 두 사람? |  | 2 | 사색딱지책 : 예쁜 제목으로~ |
|  | 3 | 학급규칙 만들기 |  | 3 | 축하카드 만들기 2 |
|  | 4 | 독후활동 : 세 가지 소원책 |  | 4 | 독후활동 : 곰 사냥을 떠나자. |

| 월 | 주 | 활동주제 | 월 | 주 | 활동주제 |
|---|---|---|---|---|---|
| 4 | 1 | 삼각딱지책 : 초대장 | 10 | 1 | 봉투책 : 누구에게 필요한 물건일까요? |
|  | 2 | 사각딱지책 : 어려운 말 뜻 적기 |  | 2 | 꽃이책 : 세계 여러 나라 의상 |
|  | 3 | 축하카드 만들기 1 |  | 3 | 생일카드 만들기 2 |
|  | 4 | 독후활동 : 신데렐라의 초대장 |  | 4 | 독후활동 : 시골쥐와 서울쥐 |
| 5 | 1 | 팝업책 1 : 코 만들기 | 11 | 1 | 아코디언책 3 : 우리 가족 소개 책 |
|  | 2 | 팝업책 2 : 하트 만들기 |  | 2 | 아코디언책 4 : 나무책 만들기 |
|  | 3 | 감사카드 만들기 1 |  | 3 | 사진 꽂는 액자 만들기 |
|  | 4 | 독후활동 : 마법의 주문책 |  | 4 | 독후활동 : 토끼와 거북 |
| 6 | 1 | 집책 : 우리 집 만들기 | 12 | 1 | 무대책 : 주인공은 누구? |
|  | 2 | 두루마리책 1 : 편지요~ |  | 2 | 나비책 : 무지개 나비 |
|  | 3 | 생일카드 만들기 1 |  | 3 | 수수께끼책 만들기 2 |
|  | 4 | 독후활동 : 미운 아기 오리 |  | 4 | 독후활동 : 잠자는 숲속의 미녀 |
| 7 | 1 | 부채책 1 : 여름을 시원하게 하는 것들 | 1 | 1 | 성책 : 어떤 공주님이 계실까? |
|  | 2 | 부채책 2 : 물고기책으로 만들기 |  | 2 | 동물책 : 아기 코끼리 덤보 |
|  | 3 | 감사카드 만들기 2 |  | 3 | 연하장 만들기 |
|  | 4 | 독후활동 : 일곱 난장이 |  | 4 | 독후활동 : 헨젤과 그레텔 |
| 8 | 1 | 아코디언 팝업책 1 : 웃는 얼굴 | 2 | 1 | 맛있는 책 : 피자 한 판~ |
|  | 2 | 아코디언 팝업책 2 : 화난 얼굴 |  | 2 | 두루마리책 2 : 타임캡슐 만들기 |
|  | 3 | 수수께끼책 만들기 1 |  | 3 | 감사카드 만들기 3 |
|  | 4 | 독후활동 : 빨간 모자 |  | 4 | 독후활동 : 잭과 콩나무 |

# 미술

돌봄교실에서 하는 미술활동은 전문 미술교육과는 차이가 있습니다. 아이에게 그림을 보기 좋게 그리도록, 예쁜 공예품을 훌륭히 완성하도록 하기보다는 자신의 생각을 자연스럽게 표현하고, 친구들과 이야기하면서 즐거운 활동으로 건강한 자아를 키우는 데 도움이 되는 시간이어도 충분하다고 생각합니다. 또한 다양한 도구와 재료를 사용하기 때문에 심미감과 창의력, 협응력, 성취감을 키워줍니다.

미술활동은 아시다시피 프로그램이 가장 다양합니다. 회화만 해도 여러 방법으로 진행할 수 있으며, 물감 놀이, 색종이 접기, 폐품으로 만들기, 또 요즘은 '토탈공예'라는 말을 많이 쓸 정도로 종류가 다양하더군요. 폐품으로 만드는 것도 의의가 있고, 재료비에 부담이 따르지만 간단한 공예 재료를 사셔서 진행하셔도 좋겠습니다.

저는 토탈공예활동은 주로 방학 때 진행을 합니다. 방학 전에 재료를 구입하려고 사이트에 들어가보면 너무 예쁜 재료들이 많더라고요. 아이들에게 창의성과 아름다움을 키워주도록 미술활동도 다양하게 진행해 봅시다.

## 1. 미술활동의 종류

### ❶ 그림 그리기

- 다양한 그리기 재료로 그리기 : 연필, 색연필, 크레파스, 사인펜, 수성물감, 아크릴물감, 유성매직, 파스텔, 붓펜, 면봉 등
- 다양한 바탕에 그리기 : 도화지, 검정종이, 화선지, 기름종이, OHP필름, 골판지, 사포, 나무, 나뭇잎, 헝겊 등
- 그리는 인원에 따라 그리기 : 혼자 그리기, 친구와 번갈아 그리기, 그룹으로 그리기
- 자유화
- 명화 따라 그리기
- 만다라 색칠하기
- 주제가 있는 그림 그리기 : 계절의 변화, 경험한 것, 미래의 모습, 정물화, 인물화 등
- 창의주제를 가지고 그림 그리기
  - 청개구리처럼 반대로 그려보자
  - 말썽 부리는 아이의 얼굴을 제대로 그려보자
  - 호랑이처럼 화가 난 선생님을 그려보자
  - 벽장 속에 사는 괴물을 무시무시한 놈으로 그려보자
  - 내 이름을 가지고 멋지게 그려서 상표로 만들어보자

'창의주제를 가지고 그림 그리기'는 시중에 좋은 교재가 많이 있습니다. 선생님께서 창의 주제를 만드시는 데에는 한계가 있으니 교재를 참고하면 좋겠습니다.

❷ **색종이 접기** : 소근육활동과 협응력, 집중력이 좋아지는 활동입니다. 교실에 종이접기 영역을 마련하여 여러 가지 색종이와 종이접기책을 비치해서 아이들이 스스로 색종이 접기활동을 할 수 있도록 하고 따로 시간을 마련하여 함께 동영상을 보거나 선생님의 설명으로 종이접기활동을 해도 좋습니다.

- **색종이 접기 동영상 사이트**
  → 드림셀프 꿈과 음악 이야기 : http://mmilk.tistory.com/6979

- **색종이 접기**
  → 쎄러니의 간단해도 폼 나는 종이접기 : http://opencast.naver.com/BB710

❸ **다양한 미술활동**
- 찍기 : 다양한 야채(감자, 고구마, 연근, 피망 등), 모양 스폰지, 모루, 도장 등을 찍어서 구성하기
- 번지기 : 한지나 키친타월에 사인펜으로 그리고 분무기로 물을 분사하기
- 불기 : 한지나 키친타월에 물감(먹)을 방울로 떨어뜨린 후 입으로 불어 완성하기
- 직조 : 기본 판의 가운데를 여러 줄 자른 후 다른 종이를 지그재그로 끼워 완성하기
- 문지르기 : 맛소금을 파스텔 위에서 문질러서 색 입히기, 색깔 입힌 풀 문지르기
- 염색 : 손수건, 티셔츠 등에 천연염색하기
- 모자이크 : 여러 가지 종이, 조개껍데기, 돌, 나무, 타일 등을 붙여서 구성하기
- 콜라주 : 색종이 찢어 붙이기, 주제에 맞는 그림이나 사진을 붙여서 구성하기, 나뭇잎 · 모래 · 천 등을 붙여서 구성하기
- 데칼코마니 : 도화지를 반 접어 한쪽에만 여러 가지 물감을 짠 후 접었다 펴기
- 스텐실 : 무늬로 오린 색종이(꽃무늬, 별무늬 등)를 흰종이에 올려놓은 다음 물감을 묻힌 스폰지로 살짝살짝 눌러준 다음 색종이를 떼어낸 후 꾸미기
- 스테인드글라스 : 투명 OHP필름 위에 검정색 유성매직으로 밑그림을 그린 후 각 면을 수성매직으로 채색하고, 살짝 구긴 호일을 OHP필름 밑에 붙여서 완성하기
- 찰흙 · 석고 : 주먹 만들기, 손바닥 · 발바닥 찍기
- 모빌 : 다양한 재료와 주제를 가지고 만들어 매달기

❹ **폐품으로 만들기** : 주변에서 쉽게 구할 수 있는 재료를 가지고 인형이나 동물, 자동차 등 다양하게 만들어 보는 경험을 합니다.

- 편지봉투, 쇼핑봉투, 일회용컵, 종이접시를 이용하여 만들기
- 요구르트통, 요거트통, 플라스틱 숟가락을 이용하여 만들기
- 상자, 티슈, 계란상자 이용하여 만들기
- 풍선, 철사, 옷걸이, 스티로폼, 스펀지, 목장갑, 헝겊, 실을 이용하여 만들기

명화 따라 그리기

협동화

손·발바닥 찍기

이름으로 꾸미기

탈 만들기

과자집 만들기

❺ **토탈 공예** : 일주일에 한 번 다양하게 주제를 정할 수도 있고, 방학 때 특강으로 한 가지 공예를 정해서 재료를 구입한 다음, 5회 정도 수업을 하셔도 좋습니다.

- **펄러비즈** : 가운데 구멍이 난 플라스틱조각을 전용판에 끼워 무늬를 만든 후 열을 가하면 조각끼리 붙어 예쁜 공예품이 되는데 소근육 발달과 집중력 향상에 도움을 주는 활동

- 클레이 : 점토놀이의 하나로 손에 붙지 않고 색깔이 고와 아이들이 좋아하는 활동

- 플레이콘 : 옥수수를 원재료로 하며 물에 잘 붙고 모양이 쉽게 나와 재밌는 활동

## ❋ 2. 미술활동 연간 프로그램의 예

| 월 | 주 | 활동주제 | 월 | 주 | 활동주제 |
|---|---|---|---|---|---|
| 3 | 1 | 그리기 : 자유화 | 9 | 1 | 그리기 : 협동화 |
|   | 2 | 만들기 : 나비 모빌<br>(부직포, 뽕뽕이, 눈알) |   | 2 | 만들기 : 우주선<br>(일회용컵, 접시, 페트병) |
|   | 3 | 종이접기 : 연필 접어 책갈피로 만들기 |   | 3 | 종이접기 : 곤충 접어 꾸미기 |
|   | 4 | 공예(클레이) : 꽃거울 |   | 4 | 공예(골판지 공예) : 팽이 |
| 4 | 1 | 그리기(인물화) : 내 친구 | 10 | 1 | 명화 따라 그리기 : 김홍도의 서당 |
|   | 2 | 만들기 : 생일 목걸이(사탕, 빨대, 실) |   | 2 | 만들기 : 나뭇잎 콜라주 |
|   | 3 | 종이접기 : 개구리 접어 꾸미기 |   | 3 | 종이접기 : 전통문양종이로 한복 접기 |
|   | 4 | 공예(펄러비즈) : 캐릭터 열쇠고리 |   | 4 | 공예(클레이) : 할로윈 마녀,<br>호박 만들기 |
| 5 | 1 | 그리기(정물화) : 과일 | 11 | 1 | 명화 따라 그리기 : 밀레의 만종 |
|   | 2 | 만들기 : 우리 가족<br>(목장갑, 부직포, 눈알) |   | 2 | 만들기 : 허수아비<br>(스티로폼공, 나무젓가락) |
|   | 3 | 종이접기 : 카네이션 접기 |   | 3 | 종이접기 : 공룡 접어<br>쥐라기공원 만들기 |
|   | 4 | 공예(찰흙) : 정원(식물, 돌, 모래) |   | 4 | 공예(누름꽃 공예) : 누름꽃 액자 |

| 월 | 주 | 활동주제 | 월 | 주 | 활동주제 |
|---|---|---|---|---|---|
| 6 | 1 | 그리기 : OHP필름지에 매직으로 그리기 | 12 | 1 | 그리기 : 검은도화지에 눈오는 그림 그리기 |
| | 2 | 만들기 : 여름슬리퍼(부직포, 리본 등) | | 2 | 만들기 : 크리스마스 입체 카드 |
| | 3 | 종이접기 : 토끼 접어 휴지걸이 만들기 | | 3 | 종이접기 : 산타 접어 트리에 달기 |
| | 4 | 공예(골판지 공예) : 꽃 | | 4 | 공예(플레이콘) : 트리, 눈사람 만들기 |
| 7 | 1 | 명화 따라 그리기 : 고흐의 자화상 | 1 | 1 | 그리기 : 만다라 색칠하기 |
| | 2 | 만들기 : 직조로 티셔츠 만들기 | | 2 | 만들기 : 한지로 연하장, 봉투 만들기 |
| | 3 | 종이접기 : 물고기 접어 어항 꾸미기 | | 3 | 종이접기 : 필기구통 접기 |
| | 4 | 공예(지끈 공예) : 바구니 든 인형 | | 4 | 공예(양초공예) : 동물양초 |
| 8 | 1 | 그리기 : 티셔츠에 염색물감으로 그리기 | 2 | 1 | 그리기(상상화) : 나의 미래 모습 |
| | 2 | 만들기 : 조개와 돌로 꾸민 모자이크 | | 2 | 만들기 : 헨젤과 그레텔의 과자집 |
| | 3 | 종이접기 : 부채(큰 색종이, 막대) | | 3 | 종이접기 : 눈송이 (복사지 접어서 자르기) |
| | 4 | 공예(천연비누 공예) : 꽃·동물비누 | | 4 | 공예(펄러비즈) : 사진 액자 |

## 요리

요리활동은 아이들이 스스로 보고, 맛보고, 만지고, 냄새 맡는 등 감각적인 경험을 할 수 있으며 분류, 측정, 음식의 변화과정을 보면서 과학적 개념을 배우고, 또한 영양교육을 통하여 편식을 줄일 수도 있는 유익한 활동입니다. 하지만 재료의 준비가 복잡하고, 음식의 변화과정(자르고, 익히고, 튀기는 활동) 중에서 아이들이 안전사고가 날 우려도 있으니 신중하게 계획하고 진행해야 합니다.

요리활동은 아이들이 가장 좋아하는 활동 중 하나입니다. 그렇지만 재료 준비와 뒤처리가 간단하지 않기 때문에 돌봄선생님이 자주 하기는 힘듭니다. 제철음식을 위주로 하여 주 1회 또는 한 달에 1~2번 정도 요리활동을 하고 바로 간식시간으로 이어져서 자기가 만든 음식을 먹는 것으로 진행하면 재료비 부담이 줄어듭니다. 또 방학 때는 특강으로 평소에 못한 좀 근사한 요리수업으로 진행해도 아이들이 좋아할 것입니다. 아래 요리 연간 프로그램의 예에는 재료 준비가 비교적 간단한 것으로 작성해 보았습니다.

## ※ 1. 요리활동 사진

야채샐러드 만들기

케이크 만들기

스파게티 만들기

꼬마김밥 만들기

유부초밥 만들기

찹쌀경단 만들기

## ※ 2. 요리활동 연간 프로그램의 예

〈1학기〉

| 월 | 주 | 활동주제 | 활동목표 |
|---|---|---|---|
| 3 | 1 | 카나페 | 네모 모양의 납작한 과자 사이에 슬라이스햄, 치즈, 바나나 등을 넣고 딸기잼을 바른다. |
| | 2 | 고소한 팝콘 | 옥수수 알갱이를 투명한 뚜껑이 있는 프라이팬에 넣고 변하는 모습을 관찰한다. |
| | 3 | 삼색꼬치 | 방울토마토, 메추리알, 바나나, 오이, 프랑크소시지 등 세 가지를 꼬치에 꽂는다. |
| | 4 | 내얼굴식빵 | 식빵 위에 건포도, 양파링, 새우깡, 시리얼, 올리고당으로 얼굴을 꾸민다. |

| 월 | 주 | 활동주제 | 활동목표 |
|---|---|---|---|
| 4 | 1 | 새싹샐러드 | 새싹채소(청경채, 무순, 브로콜리 등), 방울토마토에 키위(딸기)드레싱을 뿌린다. |
| | 2 | 바나나키위주스 | 바나나, 키위와 요구르트를 넣어 믹서에 간다. |
| | 3 | 프렌치토스트 | 식빵을 삼각으로 자르고 달걀을 입혀서 팬에 구운 후 설탕을 약간 뿌린다. |
| | 4 | 궁중떡볶이 | 양념된 불고기, 떡볶이떡, 야채(당근, 양파)를 넣고 끓이다가 간장으로 간을 한다. |
| 5 | 1 | 딸기우유 | 딸기와 우유를 갈아 올리고당(시럽)을 약간 첨가한다. |
| | 2 | 얼굴주먹밥 | 볶은 김치를 넣어 밥을 공모양으로 만든 후 눌러서 김과, 햄, 검은깨로 꾸민다. |
| | 3 | 요거트파르페 | 투명한 긴 컵에 요거트→생과일 자른 것→시리얼→요거트 순으로 담아 먹는다. |
| | 4 | 화전 | 찹쌀가루, 소금으로 익반죽하고 동글납작하게 구울 때 진달래꽃을 얹어 지진다. |
| 6 | 1 | 햄치즈샌드위치 | 마요네즈+머스터드소스를 펴 바른 식빵 위에 슬라이스햄, 치즈, 양상추를 넣는다. |
| | 2 | 쑥개떡 | 쑥을 씻어 믹서에 갈고 멥쌀가루, 소금과 섞어서 반죽하여 모양을 만들어 찐다. |
| | 3 | 호빅진 | 호박을 얇게 썰어 부침가루를 입혀서 팬에 구울 때 무순의 잎만 얹어 모양을 내고 굽는다. |
| | 4 | 핫케이크 | 핫케이크가루, 우유, 계란을 넣어 반죽하여 팬에 구운 후 먹을 때 올리고당을 뿌린다. |
| 7 | 1 | 수박우유화채 | 수박을 먹기 좋은 크기로 자르고, 푸르츠칵테일을 넣고 우유를 부어 먹는다. |
| | 2 | 계란빵 | 핫케이크가루, 계란, 소금으로 반죽해 컵에 담아 계란을 한 개 얹고 오븐에 굽는다. |
| | 3 | 생크림과일케이크 | 케이크용 빵에 생크림→통조림과일→빵→생크림을 덮은 후 초코볼, 과자로 장식한다. |
| | 4 | 팥빙수 | 얼음을 빙수기로 간 후 삶은 팥, 우유, 연유, 젤리 등을 얹는다. |
| 8 | 1 | 새싹비빔밥 | 새싹채소(청경채, 무순, 브로콜리 등), 초고추장, 참기름, 통깨, 밥을 넣고 비빈다. |
| | 2 | 카레라이스 | 야채(감자, 양파, 당근), 햄을 깍둑 썰어 볶다가 카레가루, 물을 넣고 끓인다. |
| | 3 | 무쌈밥 | 무쌈에 피망, 무순, 게맛살, 밥을 넣고 겨자간장을 찍어 먹는다. |
| | 4 | 유부초밥 | 야채를 잘게 썰어 밥과 함께 볶은 후 유부에 싸서 먹는다. |

〈2학기〉

| 월 | 주 | 활동주제 | 활동목표 |
|---|---|---|---|
| 9 | 1 | 사과당근주스 | 사과, 당근에 요구르트를 넣어 믹서에 간다. |
| | 2 | 참치샌드위치 | 통조림 참치와 잘게 다진 양파를 꼭 짜서 마요네즈에 비빈 후 식빵에 넣는다. |
| | 3 | 고구마스틱 | 고구마를 길게 썰어 튀김기에 넣어서 튀긴 후 채반에 넣어 기름을 뺀다. |
| | 4 | 떡꼬치 | 떡볶이떡을 데쳐서 꼬치에 꽂아 팬에 튀기고 양념장(고추장, 케첩, 물엿)을 바른다. |

| 월 | 주 | 활동주제 | 활동목표 |
|---|---|---|---|
| 10 | 1 | 송편 빚기 | 멥쌀가루를 익반죽하고 송편소(다진 깨, 설탕)를 넣어 송편을 빚은 후 찐다. |
| | 2 | 라면땅 | 봉지에 든 라면을 잘게 부순 후 팬에 볶다가 설탕을 넣어 고루 섞는다. |
| | 3 | 과일샐러드 | 제철과일은 자르고, 견과류(땅콩,호두,건포도)를 빻은 후 마요네즈를 넣고 섞는다. |
| | 4 | 마시멜로 퐁듀 | 마시멜로를 꼬치에 꽂고 따뜻한 초코시럽을 묻힌 후 스프링클을 뿌려 꾸민다. |
| 11 | 1 | 카레떡볶이 | 야채, 햄을 썰어 볶다가 카레가루, 물을 넣고 끓인 후 떡볶이 떡을 넣어 익힌다. |
| | 2 | 잔멸치주먹밥 | 잔멸치와 잔새우, 밥, 통깨, 소금을 넣고 볶다가 참기름 넣고 공모양을 만든다. |
| | 3 | 토마토 스파게티 | 올리브유, 소금을 넣고 삶은 면을 볶은 후 양파, 버섯, 토마토소스로 버무린다. |
| | 4 | 미니핫도그 | 비엔나소시지를 나무젓가락에 꽂고 핫케이크가루 반죽한 것, 빵가루를 묻혀 튀긴다. |
| 12 | 1 | 김장 담그기 | 절인 배추에 김치소(파, 마늘, 고춧가루, 새우젓, 찹쌀풀, 무채 등)를 넣는다. |
| | 2 | 고구마경단 | 삶은 고구마에 설탕을 조금 넣어 으깬 후 견과류(건포도, 땅콩, 호두)를 넣고 둥글게 빚는다. |
| | 3 | 핫초코 | 우유를 끓기 직전까지 데우고, 핫초코믹스를 넣어 잘 젓는다. |
| | 4 | 단호박샐러드 | 삶은 단호박을 으깨고, 야채(방울토마토, 사과, 오이 등) 썰어서 마요네즈에 버무린다. |
| 1 | 1 | 꼬마김밥 | 쇠고기와 야채를 볶다가 밥을 넣어 간을 한 다음 1/4 크기로 자른 김에 만다. |
| | 2 | 떡국 | 쇠고기, 다시마, 무로 육수를 내서 떡국떡을 넣어 끓이고, 계란지단을 얹는다. |
| | 3 | 참치주먹밥 | 기름 뺀 참치캔, 잘게 썬 김치, 밥을 볶아 동그랗게 뭉친 후 김가루를 묻힌다. |
| | 4 | 하이라이스 | 야채(감자,양파,당근), 햄을 깍뚝 썰어 볶다가 하이라이스가루, 물을 넣고 끓인다. |
| 2 | 1 | 어묵꼬치 | 무, 다시마를 물에 넣고 끓이다가 다양한 어묵을 꽂은 꼬치를 넣고 다시 끓인다. |
| | 2 | 김치부침개 | 부침가루 반죽에 잘게 썬 김치, 양파를 넣고 팬에 부친다. |
| | 3 | 떡볶이 | 끓는 물에 고추장, 케첩, 설탕, 간장으로 간을 맞춘 후 떡과 어묵을 넣고 조린다. |
| | 4 | 과자집 | 네모 모양 과자로 집을 만들고 생크림을 바른 후 초코볼, 젤리 등으로 꾸민다. |

# 음악, 과학, 교구활동, 영어회화, 컴퓨터

## ✳ 1. 음악

좋은 음악을 듣는 것은 우리 삶을 풍요롭게도 하지만 아이들 두뇌나 정서 발달에도 꼭 필요한 활동입니다. 그래서 요즘 영유아 문화센터에서는 음악활동 프로그램(유리드믹스, 오르프 등)이 최고 인기 강좌라고 하더라고요.

유치원까지는 열심히 음악수업이 이루어지는데 학교는 교실마다 피아노(풍금)가 사라진 후부터 아이들의 노랫소리는 예전보다 덜 들리는 것 같습니다. 하물며 돌봄교실은 특성상 음악수업이 더 어렵습니다. 오후에 조용한 학교에서 음악감상 같은 수업은 상관없지만 악기를 연주한다거나 노래를 크게 부른다거나 하는 일은 저희 교실처럼 교무실, 행정실이 바로 옆에 있는 경우 사실 좀 용기가 필요하거든요. 그래도 아래 음악 연간 프로그램의 예에서 보시는 바와 같이 음악감상의 경우 일 년 계획을 세워서 듣게 하고, 예쁜 노랫말의 동요도 많이 부르면 좋겠습니다. 음악을 신체활동과 연결할 때는 소강당이나 체육실 같은 곳을 미리 예약하셔서 공간에 구애받지 않고 신나게 활동할 수 있다면 금상첨화겠죠.^^

### ❶ 음악활동의 방법

- **동요 부르기** : 아이들과 CD, 동영상을 틀어놓거나 가볍게 악기를 치면서 동요 부르는 시간을 많이 가지시면 좋겠습니다.

    - 드림셀프 꿈과 음악 이야기 : http://mmilk.tistory.com/

    : 어린이동요, 직업동요, 클래식 명곡이 동영상으로 제공

    - 주니어네이버 동요세상 : http://study.jr.naver.com/dongyo/

    : 창작동요, 교과서동요, 전래동요 등이 동영상으로 제공

    - '백창우와 굴렁쇠 아이들'의 동요(예쁘지 않은 꽃은 없다, 말로 해도 되는데, 문제아, 우리 집 강아지 등), MBC 창작동요 수상곡(참 좋은 말, 하늘나라동화, 노을 등) 등

- **음악감상** : 일 년 계획을 세워서 다양한 클래식이나 국악, 가곡 등을 듣는 시간을 계획해도 아이들 정서에 좋은 영향을 주며, 음악감상은 다른 활동(신체 표현, 동극 등)과 함께 연계해도 훌륭한 수업이 됩니다.

- **악기 지도** : 타악기, 전통악기 등 다양한 악기 접하기

    돌봄선생님께서 잘 연주하는 악기가 있다면 일 년 동안 꾸준히 가르쳐서 학교 발표회 때 돌봄교실 아이들이 합주(리코더, 오카리나 등)를 해도 좋습니다.

❷ 음악활동 사진

소고 치기

오카리나 불기

실로폰 치기

❸ 음악활동 연간 프로그램의 예

| 월 | 주 | 활동주제 | 월 | 주 | 활동주제 |
|---|---|---|---|---|---|
| 3 | 1 | 동요 : 예쁘지 않은 꽃은 없다 (백창우 곡) | 9 | 1 | 동요 : 아기 다람쥐 또미 (조원경 곡) |
|  | 2 | 음악감상 : 엘가의 사랑의 인사 |  | 2 | 음악감상 : 쇼팽의 야상곡 |
|  | 3 | 직업동요 : 미래의 요리사(드림셀프) |  | 3 | 직업동요 : 미래의 의사(드림셀프) |
|  | 4 | 신체표현 : 리본 춤 |  | 4 | 악기 : 각종 타악기 쳐보기 1 |
| 4 | 1 | 동요 : 다섯 글자 예쁜 말(임수연 곡) | 10 | 1 | 동요 : 한국을빛낸100명의위인들 (박문영 곡) |
|  | 2 | 음악감상 : 비발디의 사계 중 '봄' |  | 2 | 음악감상 : 코시코스의 우편마차 |
|  | 3 | 직업동요 : 미래의 선생님(드림셀프) |  | 3 | 직업동요 : 미래의 천문학자(드림셀프) |
|  | 4 | 신체표현 : 봄 |  | 4 | 악기 : 소고 치며 춤추기 |
| 5 | 1 | 동요 : 즐거운 나의 집(외국 곡) | 11 | 1 | 음악감상 : 차이코프스키의 호두까기인형 |
|  | 2 | 음악감상 : 멘델스존의 결혼행진곡 |  | 2 | 만들기 : 허수아비 (스티로폼공, 나무젓가락) |
|  | 3 | 직업동요 : 미래의 건축가(드림셀프) |  | 3 | 직업동요 : 미래의 화가(드림셀프) |
|  | 4 | 신체표현 : 포크댄스 |  | 4 | 악기 : 장구 쳐보기 1 |
| 6 | 1 | 동요 : 즐거운 소풍길(김창수 곡) | 12 | 1 | 동요 : 세상에 모두 예쁜 것(김현철 곡) |
|  | 2 | 음악감상 : 드보르작의 신세계교향곡 2악장 |  | 2 | 음악감상 : 파리나무십자가 소년합창단 곡 |
|  | 3 | 직업동요 : 미래의 연예인(드림셀프) |  | 3 | 직업동요 : 미래의 사업가 CEO (드림셀프) |
|  | 4 | 신체표현 : 훌라후프 춤 |  | 4 | 악기 : 각종 타악기 쳐보기 2 |

| 월 | 주 | 활동주제 | 월 | 주 | 활동주제 |
|---|---|---|---|---|---|
| 7 | 1 | 동요 : 말로 해도 되는데(백창우 곡) | 1 | 1 | 동요 : 연 날리기(한수성 곡) |
| | 2 | 음악감상 : 쇼팽의 빗방울 전주곡 | | 2 | 음악감상 : 베토벤의 환희의 송가 |
| | 3 | 직업동요 : 미래의 과학자(드림셀프) | | 3 | 직업동요 : 미래의 파티플래너 (드림셀프) |
| | 4 | 신체표현 : 빗방울 되어보기 | | 4 | 악기 : 장구 쳐보기 2 |
| 8 | 1 | 동요 : 종이접기(김봉학 곡) | 2 | 1 | 동요 : 우리집 강아지(백창우 곡) |
| | 2 | 음악감상 : 호프만의 뱃노래 | | 2 | 음악감상 : 모차르트의 터키행진곡 |
| | 3 | 직업동요 : 미래의 외교관(드림셀프) | | 3 | 직업동요 : 미래의 영화감독(드림셀프) |
| | 4 | 신체표현 : 보자기 춤 | | 4 | 악기 : 각종 타악기 쳐보기 3 |

## ✳ 2. 과학

우리 생활은 과학과 밀접한 연관을 가지고 있습니다. 어려서부터 실제로 만져보고, 실험해 보는 과정을 통해서 과학적 호기심과 상상력, 창의성을 키워주어야 합니다. 돌봄교실에서는 다양한 실험, 과학 애니메이션 보기, 과학동요 부르기 등을 통해서 과학의 원리에 다가가는 의미 있는 시간을 마련하면 좋겠습니다.

### ❶ 동영상으로 배우기

- ESB 과학이 톡톡 : http://home.ebs.co.kr/sci_tok/main
  - '다시보기'를 클릭하시면 재밌는 만화로 된 과학 동영상 탑재
- LG사이언스랜드 : http://www.lg-sl.net/
  - '과학동영상창고', '과학실험실', '과학송', '과학만화' 등
- 사이언스올(한국과학창의재단) : http://www.scienceall.com/
  - 과학이슈, 과학정보, 웹툰, 교육자료 등

### ❷ 과학실험 프로그램을 구입하여 실시하기

과학실험을 하면 아이들의 눈이 초롱초롱해지고 과학시간을 기다리는 아이들이 많습니다. 그런데 과학실험 재료는 따로 구하기가 생각보다 어렵습니다. 그래서 시중에서 판매하는 과학실험 프로그램을 구입하여 일주일이나 2주일에 1번 꾸준히 실시해도 좋습니다. 과학교재, 실험재료가 포함되어 오기 때문에 편리하고 재미있게 진행할 수 있으나 비용이 드는 단점은 있습니다.

❸ 과학실험 활동 사진

귀뚜라미, 달팽이 기르기

씨앗 관찰하기

식물도감 만들기

미니 손전등 만들기

화초키우기

쌍안경 만들기

실전화기 만들기

용액 비교하기

나침반 실험

작품전시회-움직이는 그네

색안경 만들기

비행접시 날리기

## 3. 교구활동

교구활동은 보통 '자유선택활동' 시간에 하거나 다른 활동을 하는 중간에 하게 되는 경우가 많습니다. 블록이나 보드게임류는 모두 아이들 집중력 향상이나 두뇌 계발에 많은 도움이 됩니다. 카프라의 경우에도 동영상이나 그림 자료가 쉬운 순서부터 어려운 단계까지 나와 있는 자료가 많아서 일주일에 한 가지 주제씩 1년을 진행하셔도 무리 없는 좋은 활동입니다.

보드게임류는 선생님이나 대학생 같은 어른이 가끔 아이들과 함께 하며 확실한 방법을 알려주는 것이 좋습니다. 어른들과 게임을 한 다음 날은 아이들이 모두 어제 같이 한 보드게임에 몰리는 경우를 보게 됩니다.

우리 선생님들께서도 아이들과 게임 많이 하여 일찍 치매 예방 시작합시다. ∞

- 블록류 : 카프라, 클리코, 자석블록, 레고 등
- 보드게임류 : 인생게임, 블루마블, 다빈치코드 등
- 패턴 보드 등

카프라

블록쌓기

보드게임

패턴 보드

##  4. 영어회화

　보통 영어회화 수업은 학교의 원어민선생님 도움을 받아 돌봄교실에서 꾸준히 진행하는 학교들이 많습니다. 저희 교실에서는 '영어뮤지컬' 수업을 방학 특강으로 진행한 적이 있는데 노래와 율동을 곁들여서 사운드 오브 뮤직(The Sound Of Music)을 주제로 했습니다. 아이들이 굉장히 재밌어 했고, 영어와도 친해지는 계기가 됐습니다. 또 저는 방학 때 '영어 듣기'를 20분 하도록 계획표를 작성합니다. 학교에서 무료 영어 사이트의 자기 레벨에 맞는 영어를 매일 듣게 하기 때문에 학부모님들의 반응도 좋았습니다. 학기 중에도 꾸준히 하면 좋겠지만 시간이 별로 없어서 방학 중에만 매일 진행합니다.

원어민강사 수업　　　　　　영어활동지　　　　　　영어 뮤지컬 관람

## ✷ 5. 컴퓨터

요즘 아이들은 컴퓨터 게임을 너무 많이 합니다. 그래서 컴퓨터는 게임만 하는 것이 아니라 정보 검색도 하고 다양한 작업을 할 수 있다는 것을 알려주고 싶습니다.

돌봄교실에서 컴퓨터 수업은 보통 특기적성강사가 많이 진행을 합니다. 저희 교실에서는 학기 중에는 해본 적이 없고, 방학 때 특강(워드, 엑셀, 파워포인트 등)으로 진행을 한 적이 있는데 효과가 좋았습니다.

방학 때 '영어 듣기'와 함께 매일 진행하는 것이 '한컴 타자 치기'입니다. 학교 방학숙제가 '타자 치기'여서 처음 시작했는데, 해보니까 저학년 아이들도 생각보다 잘하고, 타자 치기 속도에 이름을 올리게 되어 있어서 경쟁적으로 하게 되는 것 같습니다.

❋ 저희 교실에는 학생용 컴퓨터가 2대 있어서 방학 때만 한 대는 영어 듣기(20분), 한 대는 타자 치기(20분)를 매일 해서 아이들 스스로 체크하도록 합니다.

영어듣기     타자치기

## 주제3 신체활동

앞에서 말씀드린 바와 같이 제가 돌봄교실 일과에 포함되어야 한다고 생각하는 세 번째 축이 '신체활동'입니다. 이왕이면 운동장에서 햇빛을 충분히 쬐면서 땀을 뻘뻘 흘리고, 무조건 즐겁게 놀았으면 좋겠습니다. 뛰는 놈 위에 나는 놈 있고, 나는 놈 위에 노는 놈 있다는 말도 있잖아요.

돌봄교실 아이들은 만약 오전에 체육수업이 없었고, 오후에도 교실에서만 활동을 한다면 그날은 한 번도 해를 보는 일(창밖으로만 보겠죠)이 없으며 실내에서만 활동을 하는 것입니다. 그렇다면 돌봄교실에 있는 아이들이 뛰고 짜증 부리고 싸우는 것은 당연한 일 아닐까요? 제발 아이들이 너무 극성맞다고, 책상 위를 날아다닌다고, 복도에서 뛰어다닌다고 말씀하실 것이 아니라 데리고 나가세요. 나가서 뛰고 소리 지르고 웃게 하세요.

땀 흘리고 논 다음 깨끗이 세수하고 선생님께서 계획하신 프로그램을 진행하시거나 독서를 시켜보세요. 집중력 짱입니다(물론 조는 아이도 있어요.^^).

아이들이 프로그램을 진행하는데 방해를 하거나 친구를 괴롭히는 등의 나쁜 행동을 했을 때 "○○야, 자꾸 이러면 이따가 운동장 너만 안 데리고 나간다. 교실에 도둑놈 오나 지키고 있어라." 하면 바로 "안 돼요! 지금부터 안 그럴게요! 진짜! 한 번만!" 합니다. 그 정도로 아이들은 밖에 나가는 걸 좋아합니다. 그 좋아하는 걸 왜 못해 줍니까? 어려운 것도 아닌데……

운동장에 나가기 전 귀에 못이 박히도록 '안전'에 대해서만 짧게 이야기하고 풀어만 놔줘도 되고, 교재원에 심어놓은 상추 구경을 가도 되고, 나뭇가지로 직선만 그어줘도 알아서 규칙을 정해가면서 창의적으로 놉니다.

신체활동이 아이들에게 미치는 긍정적인 영향은 백만스물한 가지가 넘을 것이라 생각합니다. 사실 매일 운동장에 나가기만 해도 매우 잘 놀지만 그러면 너무 선생님이 놀고 먹는 것처럼 보이니까(ㅋㅋㅋ) 다양한 활동도 해주자구요. 여러 가지 체육기구(줄넘기, 훌라후프, 평균대 등)를 주면 대근육활동이요, 축구공과 농구공을 주면 구기활동이요, 리본과 곤봉을 주면 체조활동이고, 공기돌과 구슬, 딱지를 주면 소근육활동입니다. 맞죠? ^^

아래 내용을 보시면 신체활동의 프로그램으로 체육, 게임, 전통놀이, 어린이 요가, 스포츠스태킹 등을 넣었습니다. 앞 시간과 같은 말씀이지만 재밌는 활동을 많이 배워서 아이들에게 전수해 줍니다. 더, 더, 더 신나게 건강한 땀을 흘리도록!!!

초등학교 시절(특히 저학년) 아이들이 꼭 해야 할 일은 뭘까요? '원 없이 놀기!'입니다. 우리 아이들, 원 없이 놀립시다!!!

## ✳ 1. 체육

체육은 대·소근육을 사용함으로써 신체 발달을 가져오고, 다른 아이들과 함께 활동하는 과정에서 사회성, 협동심, 성취감 등이 길러지며, 언어가 발달하고 상상력을 키워줍니다. 먼저 스트레칭을 해서 몸의 긴장을 풀어준 다음 기구를 이용합니다. 같은 기구라도 사용법은 다양하므로 아이들과 먼저 어떻게 사용할 것인지 의견을 들어보고 그대로 해보는 것도 체육을 통한 창의력 신장에 매우 좋은 방법입니다.

- 스트레칭 : 모든 신체활동을 하기 전후에 스트레칭으로 긴장된 몸의 근육을 풀어주기
- 공 : 굴리기, 위·아래·옆으로 전달하기, 공 튀기기, 짝 지어 던지고 받기 등
- 훌라후프 : 굴리기, 원 빠져 나오기, 2인 1조로 당기기, 허리 돌리기, 목·팔로 돌리기
- 매트 : 앞 구르기, 뒤 구르기, 두 바퀴 연속 넘기, 덤블링
- 줄 : 줄 따라 걷기, 옆으로 걷기,
- 평균대 : 밑에 걷는 사람 손잡고 평균대 위에서 앞으로 걷기, 옆으로 걷기, 혼자 걷기
- 리본 : 위·아래로 흔들기, 원으로 크게 돌리기, 돌리며 원 빠져 나오기
- 달리기 : 빨리 뛰기, 멀리뛰기, 높이뛰기, 한 발로 뛰기
- 줄넘기 : 두 발 모아 뛰기, 무릎 올려 뛰기, 발 바꿔 뛰기, 8자 교차 줄넘기, 음악줄넘기
- 구기종목(공으로 하는 스포츠) : 축구, 야구, 배구, 농구, 피구 등

스트레칭

매트 활동

암벽 타기

훌라후프 / 달리기 / 축 구

## ✱ 2. 게임 (신체놀이)

날씨가 좋지 않아 운동장에서 놀릴 수 없을 때는 실내에서 게임을 합니다. 게임에는 규칙이 있기 때문에 언어 이해력이 발달하고, 신체 발달은 물론 리더십과 협동심을 키우는 등 사회성을 발달시킵니다. 체육과 마찬가지로 같은 도구(신문지, 풍선 등)를 줘도 다양한 놀이와 규칙을 만들 수 있습니다.

- 신문지 이용 : 찢기, 길게 찢기, 펴서 격파하기, 신문지 눈싸움 등
- 풍선 이용 : 불기, 치기, 책으로 치기, 발로 치기, 안 떨어뜨리고 위로 오래 던지기, 껴안고 터뜨리기
- 쌓기 게임 : 종이컵, 블록, 책 등을 떨어뜨리지 않고 높이 쌓고 빨리 돌아오는 게임
- 젓가락으로 콩 옮기기
- 수건 돌리기
- 짝 짓기
- 소지품 잇기
- 긴 천 게임
- 야외에서 하는 게임 : 비눗방울놀이, 물총놀이, 런닝맨 놀이

신문지놀이 / 풍선놀이 / 컵 쌓기

비눗방울놀이                물총놀이                런닝맨 놀이

## ✳ 3. 전통놀이

전통놀이는 예로부터 전해지는 놀이로 아이들에게 즐거움을 주며 조화롭고 원만한 인격을 형성하는데 좋은 활동입니다. 특별한 기구 없이도 간편하게 놀이할 수 있고, 방법도 쉬워서 어린아이들도 할 수 있는 활동이 많으며, 지적·신체적·사회적 발달을 돕고 창의적인 표현력을 키워주는 장점이 있습니다.

- 실내에서 하는 전통놀이 : 공기놀이, 윷놀이, 실뜨기, 칠교놀이, 고누놀이
- 실외에서 하는 전통놀이
  - 무궁화 꽃이 피었습니다.
  - 우리 집에 왜 왔니?
  - 사방치기
  - 닭싸움
  - 강강수월래
  - 술래잡기
  - 고무줄놀이
  - 모래 놀이 : 깃대 쓰러뜨리기, 두껍아 두껍아
  - 딱지치기, 자치기, 팽이치기, 구슬치기
- 도움이 되는 사이트

  놀이연구회 눔 : http://www.nol2i.com/ → 전래놀이, 모둠놀이, 칠교 등

| 사방치기 | 무궁화꽃이 피었습니다 | 두껍아두껍아 |

## ✸ 4. 어린이 요가

어린이 요가는 잘못된 자세를 교정해주고, 스트레칭으로 몸을 유연하게 하여 성장을 도와주며 집중력을 향상시키고 마음을 편안하게 해줍니다.

· 교사의 역할 : 아이마다 신체 능력이 다르므로 강요하지 않고, 짧게 끊어서 반복합니다.

· 요가활동의 진행 : 인사하기 → 복식호흡 → 명상 → 몸 풀기(손, 목, 발목) → 요가자세 → 마무리(이완, 느낌 나누기)

- 서서하는 요가 : 산자세, 나무자세, 전사자세, 독수리자세
- 앉아서 하는 요가 : 개구리자세, 민들레자세, 샌드위치자세, 조각배자세
- 눕거나 엎드려서 하는 요가 : 쟁기자세, 물고기자세, 송장자세, 뱀자세, 메뚜기자세
- 짝과 하는 요가 : 등 대고 눕기, 다리 만들기, 손잡고 다리 벌려 눕기

## ✸ 5. 스포츠스태킹

12개의 스택스컵(밑에 구멍이 뚫린 스포츠스태킹을 하기 위한 컵)을 다양한 방법으로 쌓고 허무는 기술과 스피드를 겨루는 새로운 스포츠입니다. 양손을 쓰기 때문에 두뇌 발달과 집중력, 순발력, 눈과 손의 협응력이 향상됩니다.

제가 작년에 스포츠스태킹 국제 지도사 자격증을 따고 저희 반 아이들과 해보았는데 간단한 규칙인데도 굉장한 흥미를 보이며, 집중력을 길러주는 데 정말 탁월한 활동입니다. 스택스컵을 허물 때 나는 경쾌한 소리에 스트레스가 해소되며, 어느 정도 방법을 익힌 후에는 기록경기이므로 기록을 재가면서 진행하면 최단 시간 기록을 깼을 때의 성취감이 있어 아이들이 굉장히 좋아합니다.

· 방법 : 3-3-3 → 3-6-3 → 사이클 / 더블 종목

✪ 댄스스포츠, 음악줄넘기 등

〈신체활동 연간 프로그램의 예〉

| 월 | 주 | 활동주제 | 월 | 주 | 활동주제 |
|---|---|---|---|---|---|
| 3 | 1 | 체육 : 스트레칭, 달리기 | 9 | 1 | 체육 : 훌라후프를 이용한 활동 2 |
|  | 2 | 게임 : 신문지 찢고 던지기 |  | 2 | 게임 : 신문지 찢고 던지기 |
|  | 3 | 요가 : 인사하기, 복식호흡, 산·나무자세 |  | 3 | 요가 : 토끼자세, 아기자세 |
|  | 4 | 전통놀이 : 무궁화 꽃이 피었습니다. |  | 4 | 전통놀이 : 말 타기 |
| 4 | 1 | 체육 : 공을 이용한 활동 | 10 | 1 | 체육 : 평균대를 이용한 활동 |
|  | 2 | 게임 : 쌓기 게임 |  | 2 | 게임 : 꼬리잡기 |
|  | 3 | 요가 : 민들레자세, 개구리자세 |  | 3 | 요가 : 삼각자세, 전사자세 |
|  | 4 | 전통놀이 : 비석치기 |  | 4 | 전통놀이 : 강강수월래 |
| 5 | 1 | 체육 : 줄을 이용한 활동 | 11 | 1 | 체육 : 축구 |
|  | 2 | 게임 : 짝짓기 게임 |  | 2 | 게임 : 그림자밟기 |
|  | 3 | 요가 : 쟁기자세, 물고기자세 |  | 3 | 요가 : 샌드위치자세 |
|  | 4 | 전통놀이 : 사방치기 |  | 4 | 전통놀이 : 가마타기 |

| 월 | 주 | 활동주제 | 월 | 주 | 활동주제 |
|---|---|---|---|---|---|
| 6 | 1 | 체육 : 줄넘기 1 | 12 | 1 | 체육 : 줄넘기 2 |
| | 2 | 게임 : 돼지씨름 | | 2 | 게임 : 파라슈트 게임 |
| | 3 | 요가 : 비둘기자세, 송장자세 | | 3 | 요가 : 아치자세, 조각배자세 |
| | 4 | 전통놀이 : 우리 집에 왜 왔니? | | 4 | 전통놀이 : 투호놀이 |
| 7 | 1 | 체육 : 훌라후프를 이용한 활동 1 | 1 | 1 | 체육 : 리본을 이용한 활동 |
| | 2 | 게임 : 비눗방울 게임 | | 2 | 게임 : 긴 천 게임 |
| | 3 | 요가 : 반 박쥐 자세, 뱀자세 | | 3 | 요가 : 고양이자세, 메뚜기자세 |
| | 4 | 전통놀이 : 고무줄놀이 | | 4 | 전통놀이 : 팽이치기 |
| 8 | 1 | 체육 : 피구 | 2 | 1 | 체육 : 매트를 이용한 활동 |
| | 2 | 게임 : 물총 게임 | | 2 | 게임 : 풍선 불고 치고 짝과 터뜨리기 |
| | 3 | 요가 : 짝과 하는 요가<br>(등대고 눕기 자세) | | 3 | 요가 : 짝과 하는 요가(다리만들기자세) |
| | 4 | 전통놀이 : 술래잡기 | | 4 | 전통놀이 : 제기차기 |

## ♥ 교실에서 할 수 있는 재미있는 게임

돌봄교실 아이들은 일반 학급처럼 등하교 시간이 똑같은 것이 아니라 아이들마다 돌봄교실에 입실과 하교하는 시각이 제각각 다르기 때문에 틈틈이 할 수 있는 활동이 필요합니다. 이 시간에 아이들의 수에 적합한 게임을 한다면 재밌는 돌봄교실이 될 것입니다.

● 신문지를 이용한 게임

- 신문지 위에 올라가기
❶ 한 모둠을 3~5명 정도로 하여 모둠별로 신문지를 한 장 씩 준다.
❷ 모둠원 전체가 올라가서 3초간 버티면 성공!
❸ 신문지를 반으로 접어서 또 3초간 버티고, 신문지를 계속 반으로 접어 끝까지 남는 모둠이 승리!

- 신문지 격파왕

 신문지를 크게 펴서 양쪽에서 잡은 다음 주먹으로 펀치를 날려 구멍 내기

- 신문지 코브라

 제한 시간 3분, 신문지를 길게 찢은 다음 이어 붙여 최고 긴 사람이 승리!

- 신문지 찢어 자기 이름 만들기

 길게 찢어진 신문을 가지고 자기 이름을 만들어 보기

- 신문지 눈싸움 하기

 교실 바닥 가운에 테이프를 붙여 양팀으로 나눈 뒤 신문지를 뭉쳐서 눈싸움하기

- 신문지로 눈사람 만들기(정리할 때)

 두 모둠으로 나눈 후 찢어진 신문지를 모아 더 크게 눈사람을 만든 모둠이 승리!

● 가위바위보 스티커 붙이기 게임

❶ 아이들에게 스티커를 10개씩 똑같이 나누어 준다.

❷ 가위바위보를 해서 이긴 사람이 진 사람 얼굴에 스티커를 붙인다.

❸ 또 다른 아이들과 계속 가위바위보를 해서 얼굴에 스티커가 제일 많이 붙은 사람에게 재밌는 벌칙(엉덩이로 이름쓰기, 오리걸음, 킹콩 흉내 내기 등)을 준다.

● 빙고 게임

❶ 가로, 세로 세 칸(총 9칸)짜리 빙고판을 만들어 나눠준다.

　✱ 9칸 빙고가 잘되면 가로, 세로 다섯 칸(총 25칸)으로 빙고판을 교체한다.

❷ 주제(과일이름, 나라이름, 가수이름, 색깔, 동물 등)는 아이들과 정한다.

❸ 시간을 주고 각자 주제에 맞게 비밀로 모든 칸에 기입한다.

❹ 순서를 정해서 주제를 한 가지씩 말하면서 해당 칸을 지워간다.

❺ 가로, 세로, 대각선 세 줄을 먼저 채운 사람이 '빙고'를 외친다.

● 손병호 게임

❶ 한 모둠은 5~10명 정도로 한다.

❷ 한 손을 높이 들고 한 명씩 돌아가면서 "ㅇㅇ한 사람 접어!"를 외치면 해당하는 사람은 한 손가락씩 접는다.(안경 쓴 사람, 빨간 옷 입은 사람, 머리 묶은 사람 등)

❸ 끝까지 손가락을 많이 펴고 있는 사람이 승리!

★쉬는 시간 3

### 지영샘, 프로포즈 받다!! : 그런데 네 엄마가 원하실까?

제가 난생처음 프로포즈를 받았습니다(경사 났네, 경사 났어!!!).

지금 현재의 남편(?)을 처음 만났을 때 자기가 내 손을 잡으면 결혼하겠다는 신호라고 하더라구요(잘났따!). 만난 지 석 달 만에 손을 잡길래 '아, 나는 이 남자랑 결혼하는구나' 하고 다음날부터 혼수 준비하러 다녔죠(안됐따!). 하여튼 경상도 남자라 무뚝뚝하고 재미없는 남자예요!!(김지영, 왜 사니, 왜 살아??)

그런데 제가 어제 난데없는 '프로포즈 종이 한 장'을 받았습니다. 물론 저는 아이들을 상대하는 직업이니 아이들한테 '사랑한다, 좋아한다, 고맙다, 감사하다' 뭐 이런 종류의 편지는 지구를 한 바퀴 돌리고도 남습니다(뻥!!!).

증거를 보여드리죠!!!

이현수(가명, 8세) : 선생님, '프로포즈'가 뭔지 아시죠?
(가명을 쓴 이유 : 혹시라도 엄마가 보고 놀라실까봐~)
천사돌봄교실 선생님 : 알지! 결혼하자고 이야기하는 거야. 왜??

이현수 : 선생님, 저랑 결혼해 주세요.

천사샘 : ㅋㅋㅋ 미안하다……. 정말 미안하다…….
아, 왜 이렇게 마구마구 미안하지?
그런데 우리는 나이 차이가 너무 많아……. 흑흑흑

이현수 : 제가 커서 결혼해요. 저는 선생님을 사랑해요!!

천사샘 : 그래, 나는 좋다만. 그런데 네 엄마가 원하실까?

짜씩이, 여자 보는 눈은 있어 가지구…….
아예 이제 반말이야~
'요' 자는 어디 갔니??? ㅎㅎㅎ
하여튼 저는 어제 애들이 말을 안 들어도

'천사돌봄교실 선생님'이라는
이 '천사'라는 말 때문에 아이들한테 화도 한~번 안 내고,
소리도 한~번 안 지르고 친~절하게 하루를 마쳤답니다!

김지영의 프로포즈 받은 이야기…… 끝!!

# 4교시 돌봄교실의 365일

| 주제 1. | 신학기 준비(2월 말) |
| 주제 2. | 학기초(3월) |
| 주제 3. | 1학기(3월~8월 말) |
| 주제 4. | 2학기(9월~다음해 2월 말) |

# 돌봄교실의 365일

1년은 365일, 학교도 365일!

학교시계는 3월 1일에 학기를 시작하여 다음해 2월 말일에 한 학년을 마칩니다.

돌봄교실 시계도 토, 일, 법정공휴일만 빼고 한 해를 열심히 달립니다. 돌봄교실의 업무는 날짜를 즈음하여 정확하게 이루어져야 하는 업무도 있지만 그때그때 처리해야 할 일들도 있습니다. 기간이 정해져 있는 일들은 누가 말하지 않아도 처리해야 하므로 미리미리 여유를 가지고 준비하시면 임박해서 일을 처리하는 것보다 실수를 줄일 수 있습니다.

돌봄교실 업무를 처리하는 데 있어서 학교마다 돌봄선생님의 업무와 권한이 조금씩 다릅니다. 어떤 학교에서는 '돌봄' 글자가 들어간 모든 업무를 돌봄선생님이 하기도 하지만, 또 어떤 학교는 돌봄담당교사나 돌봄담당부장님께서 처리하시기도 합니다. 어떻게 처리가 되든 돌봄선생님께서는 모든 업무를 정확하게 파악하고 계셔야 합니다.

가장 중요한 것은 학교마다 조금씩 다르므로 아무리 작은 일이라도 정확하지 않은 일이 생기시면 절대 어려워 마시고, 사안에 따라서 담당부장님이나 교감선생님 또는 행정실장님께 여쭤보시고 처리하시라는 겁니다. 제발 혼자 끙끙 대지 마시고…….

이번 시간에는 돌봄교실의 1년이 어떻게 운영되고 있는지 시기별로 살펴보면서 해야 할 업무를 알아보고, 돌봄교실에서 비치해야 할 서류와 기안문을 작성하는 방법을 이야기해 보도록 하겠습니다. 학교에서는 대부분의 모든 일(교육계획, 예산집행 등)이 결재 라인을 통하여 승인되고 난 후 진행됩니다. 또 사안에 따라서 운영되는 시스템이 다릅니다. 처음에는 용어도 낯설고 누가 가르쳐주는 사람이 있는 것도 아니므로 혼자서 하기 막막하지만 모르면 물어가면서 하나씩 배워나가면 절대 어렵지 않습니다.

나는 할 수 있다! 완전 잘할 수 있다!!

❋ 돌봄교실의 기본 운영에 관한 사항은 교육부와 한국교육개발원에서 발행하는 '초등돌봄교실운영 길라잡이'에 있습니다. 이 내용은 선생님들께서 완전히 숙지하셔야 하며 돌봄교실에서 필요한 기본 서식들도 부록에 있으니 학교에 맞게 수정하여 사용하시면 됩니다.

이 책에서는 학기 시작 전에 다음 학년을 준비하는 일부터 학년을 마무리하는 일까지 하나씩 차근차근 짚어보고자 합니다. 몇 가지 양식들은 제가 현재 사용하는 것을 약간 수정하여(부록)에 탑재하였습니다.

## 주제1 신학기 준비 (2월 말)

돌봄교실에서 1년 중 가장 바쁠 때는 언제일까요?

제가 생각하기에는 2월말 신학기를 준비하는 때입니다. 왜냐하면 3월 입학식 날부터 돌봄교실을 운영해야 하기 때문입니다. 입학식 마치고 아이를 맡기는 부모님도 계시지만 2·3학년 아이들은 입학식과 상관없으므로 돌봄교실에 옵니다. 첫날부터 오후에 간식 먹여야하고, 석식지도까지 해야 하는데 이런 모든 계획들이 2월말에 이루어져야 합니다. 보통 월말에 다음 달 계획을 짜는데 3월에는 새로운 학기의 시작이기 때문에 새로운 계획서에 모든 것이 맞춰져야 합니다. 그래서 2월말은 정말 눈코뜰새가 없습니다.

그렇다면 그 시작은 무엇일까요?

2월 중순 쯤 해당 교육청에서 내려오는 'ㅇㅇㅇㅇ년도 초등돌봄교실 운영계획서'입니다. 이 계획서가 내려오면 거기에 맞춰서 각 학교는 1년간 돌봄교실을 어떻게 운영할지를 계획하여 'ㅇㅇ초 돌봄교실 운영계획서'를 작성한 다음 학교운영위원회 심의를 받아야 합니다. 그리고 틈틈이 입학준비를 해야 하고요. 입학 때 나눠줘야 할 서류를 미리 만들어 놓아야 함은 물론, 새 학기에 쓸 파일, 아이들 이름표 등도 만들어 놓고, 교구배치, 교실 환경 구성도 새롭게 구성하셔야 합니다.

자, 힘차게 1년 준비를 위해 달려볼까요?

〈주요 업무〉

- '돌봄교실 운영계획서' 작성하기
- 돌봄교실의 학생 모집하기
- 간식, 중식, 석식 업체 선정하기
- 교실환경 꾸미기
- 입학서류, 돌봄교실 비치서류 준비해 놓기
- '동행', '예술로 돌봄' 등 무료 프로그램 신청하기
- 학교운영위원회 심의 사항

## ❀ '돌봄교실 운영계획서' 작성하기

- 지침 : 매년 2월 중순 해당교육청에서 'ㅇㅇㅇㅇ학년도 초등돌봄교실 운영계획'이 내려오면 이 문서에 의거하여 학교의 상황에 맞게 운영계획서를 작성합니다.
- 내용 : 돌봄교실의 목적과 방침, 세부 추진 계획
- 심의 : '운영계획서'는 내부결재를 거쳐 학교운영위원회의 심의를 반드시 거쳐야 하며, 이 운영계획서가 학교운영위원회 심의까지 마쳤다면 1년에 할 업무의 절반이 끝났다고 해도 과언이 아닙니다.

● 돌봄교실의 목적과 방침

● 돌봄교실 협의회 구성

  - 구성원 : 교감, 담당부장, 돌봄전담사, 학부모 대표 2~3명
  - 역  할 : 간식과 식사 메뉴, 프로그램 선정 등 세부사항 협의 및 운영 감독관리

● 돌봄교실 운영기간 및 시간

  - 운영기간 : 돌봄교실은 일요일과 법정공휴일을 제외하고 365일 운영함을 원칙으로 하나 토요일은 희망자가 없을 경우 운영하지 않습니다(2014학년도에 서울은 토요돌봄교실 없어짐).
  - 운영시간 : 아침돌봄, 오후돌봄, 저녁돌봄, 오전돌봄, 방학 중 운영시간
    학기 중 : 방과후 ~ 22 : 00(학교의 상황에 맞게 조정 가능)
    방학 중 : 방학 중 운영시간은 '수요 조사'를 하신 후 정하시는 것이 좋습니다. 학교에 따라서는 방학 중 운영시간을 '09 : 00 ~ 17 : 00시'까지 운영하기도 합니다. 저희 학교의 경우 방학 중에는 '07 : 00 ~ 20 : 00'까지 운영합니다.

● 학급 편성

  - 오후돌봄 : 오후돌봄을 희망하는 1~2학년(2014학년)
    ✪2015학년에는 3·4학년, 2016학년에는 5·6학년까지 오후돌봄을 희망하는 모든 학생
  - 저녁돌봄 : 나홀로 학생(저소득층, 한부모, 맞벌이가정)을 우선 선정
  - 아침돌봄 : 희망하는 전교생

● 학생 선정 : 학기 중이라도 학생이 희망할 경우 수시 입급이 가능하며 돌봄교실에 있

는 동안 학원 등 외부 사설업체를 이용할 수 없지만 방과후 프로그램은 이용 가능합니다.

● **수익자부담경비**

  - 수익자부담경비의 개념 : 돌봄교실 운영을 위해 학부모가 지급하는 경비로 2014학년부터 수익자부담경비는 '간식비와 석식비(신청학생), 방학 중 중식비, 방학 중 오전돌봄 프로그램 참여비'를 징수할 수 있으며, 방학 중 중식도 학부모가 도시락을 싸서 보낸다면 중식비를 징수하지 않습니다.
  - 납부방법 : 보통 분기별로 정산하여 본인의 스쿨뱅킹 통장에서 자동 납부합니다.

● **목적경비**

  - 목적경비의 개념 : 돌봄교실 운영을 위해 교육청(혹은 지자체)에서 학교로 내려 보내주는 예산으로 교재 교구비, 프로그램 운영비, 체험학습비, 기타 운영경비 등으로 사용합니다.
  - 목적경비의 운용 : 목적경비는 내부분 항목이 정해져 있으므로 예산가용 범위 내에서 집행하고, 남으면 학년 말에 반납하면 됩니다.

● **연간교육계획**

  돌봄교실은 따로 교육과정이 없기 때문에 연간교육계획의 주제는 보통 초등학교의 통합교과주제 '학교, 봄, 나, 가족, 여름, 이웃, 가을, 우리나라, 겨울'에 맞춰 작성하지만 선생님께서 따로 선정하셔도 됩니다.

● **안전운영계획**

  하교 안전계획, 급·간식 안전계획, 사고 발생 시 업무분장, 교실환경안전, 아이들 활동시의 안전, 응급환자 발생 시 대처요령, 안전 체크리스트 등이 포함되도록 작성합니다.

● **일과 운영**

  간식 및 중·석식시간, 휴식시간, 신체활동시간, 학습시간, 독서시간, 프로그램 운영시간 등을 적절히 안배하여 아이들이 너무 힘들거나 무료하지 않도록 알찬 프로그램을 계획합니다.

❋ 〔부록〕 1. '초등돌봄교실 운영계획서'의 예

## 돌봄교실의 학생 모집하기

- **재학생의 모집**

  - 2월 말에 현재 돌봄교실에 다니고 있는 학생들에게는 '재입급 신청서'를 받습니다.
  - 돌봄교실의 입급을 새 학년부터 원하는 학생이 있을 수 있으므로 전교생에게도 '돌봄교실 신청서'를 배부하여 모집합니다.

- **신입생의 모집**

  2014학년의 경우에는 새로 초등학교에 입학하는 모든 학생에게 해당 주민센터에서 '취학통지서'와 함께 '방과후 돌봄 범정부 공동수요 조사'를 배부하였습니다. 그래서 돌봄교실 뿐만 아니라 지역아동센터나 방과후 아카데미, 아이돌봄 서비스 중 학부모가 원하는 것을 선택하여 체크한 후 배정받은 학교의 예비소집일에 제출하도록 하였습니다.

## 간식, 중식, 석식업체 선정하기

- **간식업체 선정** : '당일 배송', '후불결재'를 원칙으로 하여 학교 주변의 평판이 좋은 업체를 선정합니다. 보통 제과점이나 떡집, 마트 등이며 반드시 학교운영위원회의 심의를 받아야 합니다.

- **급식업체 선정** : 학기 중에는 석식, 방학 중에는 중식과 석식을 담당할 업체로 '남은 음식물 수거' 등을 조건으로 하며 학교운영위원회의 심의를 받습니다.

- 석식을 돌봄교실에서 조리하여 줄 경우에는 '석식 보조인력'을 채용하여야 하며, 보통은 주 15시간 이하로 계약하고, '보건증'을 반드시 돌봄교실에 비치하고 계셔야 합니다.

## 교실 환경 꾸미기

- **교실 환경 꾸미기** : 돌봄교실은 일반 교실과는 다르게 가정과 같은 아늑함과 편안한 분위기를 낼 수 있는 것이 좋습니다. 환경판을 입학에 맞춰 예쁘게 꾸미는 것도 중요하지만 아이들의 발달 단계에 맞는 교구나 교재, 도서 등을 적절하게 배치하셔야 합니다.

- **개인 사물함, 이름표 등 준비하기** : 아이들이 입학하는 첫날부터 돌봄교실에 오기 때문에 사전에 작성된 학생 명부에 따라 개인 사물함에 이름표를 붙이는 것이나 개인 물품에 이름을 써놓는 등의 세심한 배려가 필요합니다.

## 입학서류, 돌봄교실 비치서류 준비해 놓기

- **업체입학서류** : 입반원서, 귀가 및 이용서약서, 응급처치 동의서 및 비상연락 등을 학생 수에 맞춰 준비해 놓습니다.
- **돌봄교실 비치서류** : 출석부, 주간계획안, 간식계획표 등 서류철을 만들어 놓습니다.

## '동행', '예술로 돌봄' 등 무료 프로그램 신청하기(서울)

- **동행** : '동생행복도우미'의 약자로 서울시자원봉사센터에서 운영하며 대학생들이 돌봄교실에 와서 학생들의 숙제를 봐주거나 프로그램 진행 시 보조교사의 역할을 하게 되므로 교사는 많은 도움을 받을 수 있습니다. 선생님께서 '동행' 사이트에 들어가서 신청기간에 맞춰 신청을 하시면, 그것을 보고 학교 주변에 거주하는 대학생들이 자신의 시간에 맞춰서 봉사를 하게 됩니다.
- 학교에서는 서울시로부터 운영비(2014학년의 경우 대학생 1명에 학기당 9만 원 지급)도 받고, 생기 넘치는 대학생 형과 누나가 돌봄교실에 와서 숙제나 활동을 도와주기 때문에 아이들이 굉장히 좋아합니다.
- **예술로 돌봄** : '예술로 돌봄'은 서울문화재단에서 1~2학기 각 12주씩 총 24주간(주 1회 60분 수업) 창의예술전문가가 직접 돌봄교실로 방문하여 연극, 무용, 시각예술 등의 창의성 증진 통합예술 수업을 진행해 주기 때문에 신청 시기를 놓치지 말고 신청해야 합니다.
- **그 외 무료 프로그램** : 지역마다 무료지만 좋은 프로그램들이 많이 운영됩니다. 구청에서 운영하는 실버 프로그램이나 도서관에서 운영하는 책 읽어주기 프로그램, 생활체육회에서 운영하는 뉴스포츠 프로그램 등이 있습니다. 이런 프로그램들은 공문으로 발송되기 때문에 자주 '업무관리 시스템'에 들어가셔서 해당 프로그램 신청 시기를 놓치지 않도록 하는 것이 중요합니다.

## 학교운영위원회 심의 사항

: 돌봄교실 운영계획서, 수익자경비 · 목적경비의 운용, 식자재업체 등

## 주제 2  학기 초 ( 3월 )

희망찬 새 학기가 시작되었습니다.

만물이 소생하는 봄이라지만 아직 날씨는 춥고, 할 일은 산더미입니다. 해야 할 업무도 많지만 아이들도 파악해야하고 친해지도록 노력해야할 때이며, 학부모님들의 요구사항들도 모두 기억하여 차질 없이 운영하셔야 합니다. 하지만 3월 한 달 동안 모든 체계를 잘 잡아 놓으면 1년을 편하게 보낼 수 있습니다. 그러니 정신 바짝 차리고 모자람 없이 한 달을 잘 계획해 봅시다.

우선 돌봄교실에서 가장 중요한 행사는 학기 초에 갖는 '학부모 오리엔테이션'입니다. 아래 자세히 설명하였지만 아무리 강조해도 지나치지 않으니 철저히 준비해서 잘 진행하시기 바랍니다. 가정통신문을 비롯하여 모든 양식의 틀을 잡고 문구를 정확하게 만들어 놓은 후 시기에 맞춰 작성·배부하고, 회신을 받는 내용이라면 그 마무리까지 확실히 해야 합니다.

아이들에게 도움이 되는 프로그램 진행을 위해 강사를 채용하거나 봉사자를 모집하는 일도 3월초에 많이 이루어지니 시기를 놓치는 일이 없도록 합시다. 그러나 무엇보다도 중요한 것은 교실 안에서 일어날 수 있는 안전사고를 예방하는 것과 모두에게 공정하고 편안한 규칙을 아이들이 몸으로 익혀, 돌봄교실을 좋아하고 잘 적응할 수 있도록 지도하는 것이 가장 필요한 시기입니다.

〈주요 업무〉

- 학부모 오리엔테이션 실시하기
- 1분기 간식비 및 석식비 징수에 관한 가정통신문 발송하기
- 주간계획안 작성하기
- 간식표, 석식식단표 작성하기
- 특별 프로그램 선정 및 강사 채용
- 일일운영일지 작성하기
- 학부모 귀가일지 작성하기

## 🌸 학부모 오리엔테이션 실시하기

● **오리엔테이션 날짜와 시간 계획하기**

　돌봄교실의 학부모님들은 거의 대부분 맞벌이 가정이기 때문에 학부모님들께서 모두 참석하시는 일은 거의 불가능합니다. 하지만 1년의 딱 하루 '입학식' 날은 보호자가 반드시 참석하시기 때문에 여건이 된다면 돌봄교실 운영에 대한 설명을 위한 오리엔테이션은 입학식 당일날 하는 것이 좋으며 입학식이 끝나면 가족이 모두 식사하러 가기 때문에 입학식 전에 진행하는 것이 좋습니다.

　입학식은 보통 11시에 하므로 돌봄교실 학부모 오리엔테이션은 9시 30분에 시작하여 1시간 정도 돌봄교실 운영계획과 유의사항을 먼저 선생님께서 PPT자료로 설명하신 다음 궁금하신 사항에 대한 질문을 받으시고, 성의껏 답변해 드리세요. 작년 돌봄교실 운영에 대한 사진자료들을 영상으로 보는 시간을 가져도 좋습니다.

　입학식 당일이 혼잡하다고 예상되면 토요일 오전이나 평일 저녁 6시 정도에 오리엔테이션을 실시합니다. 어쨌든 맞벌이 부모님을 최대한 배려하여 많이 참석하실 수 있도록 날짜와 시간을 잘 잡아야 하며, 오리엔테이션이 잘 마무리되면 1년 운영이 수월합니다.

● **학부모 오리엔테이션 준비사항**

　- 돌봄교실 운영계획과 유의사항에 관한 PPT 자료 준비하기

　- 오리엔테이션에 대한 식순 짜고, 플로터기로 출력한 후 적절한 위치에 부착하기

　- 간단한 다과 준비

　- 교장선생님, 교감선생님, 담당부장선생님 모시기

　- 배부자료 : 돌봄교실 운영계획서(학부모용), 입학원서, 귀가 및 안전동의서, 1분기 간식비 및 석식비 안내문 등

❋ [부록] 2. '학부모 오리엔테이션' PPT 자료의 예

## 🌸 1분기 간식비 및 석식비 징수에 관한 가정통신문 발송하기

● 간식비 및 석식비는 매달 징수하는 것보다는 분기별로 징수하는 것이 편리합니다.

● '돌봄교실 1분기 간식비 및 석식비 징수 안내'를 결재 후 배부하는데 인출방법(스쿨뱅킹 통장에서 이체)과 인출일 등을 기재해야 합니다.

## 주간계획안 작성하기

- 운영기간, 주제, 교육활동, 간식 및 석식, 가정통신문 등이 들어가도록 합니다.
- 매주 금요일에 가정으로 보내고, 학교 홈페이지에도 반드시 올리도록 합니다.
- 〔부록〕 3. '주간계획안'의 예

## 간식계획표, 석식식단표 작성하기

- 간식계획표, 석식식단표 : 한 달 단위로 작성하고 학교 홈페이지에도 올립니다.
- 간식요구서, 석식요구서 : 엑셀파일에 날짜와 간식재료, 수량, 금액 등을 업체별로 작성하여 에듀파인에 올려 결재를 받은 후 업체에 배부합니다.

## 일일운영일지 작성하기

선생님께서 작성하기 편리하도록 양식을 만들면 되는데 일과 운영과 안전점검표, 교사현황, 일과 평가 등이 들어가도록 합니다.

- 〔부록〕 4. '일일운영일지'의 예

## 학부모 귀가일지 작성하기

돌봄교실은 '학부모 동반 귀가'가 원칙입니다. 특히 저녁돌봄을 하는 학생의 경우에는 반드시 귀가 시 '귀가일지'에 학부모님께서 귀가시간을 적고, 서명을 하시도록 '볼펜과 귀가일지'를 현관문 앞쪽으로 비치하도록 합니다.

### 주제3  1학기 ( 3월 ~ 8월 말 )

〈주제 2〉에서 말씀드린 것처럼 3월 한 달을 잘 마무리해서 업무와 아이들의 생활 체계가 잘 잡혔다면 이제 학년 말까지 즐겁게 공부하고, 재미있는 활동들로 채우면서 생활하면 됩니다.

제가 생각하기에 돌봄교실의 업무는 그리 어렵지는 않으나 반복해서 처리해야 하는 일들이 많습니다. 학교마다 다르겠지만 매일 일일운영일지와 귀가일지 작성하기, 매주 주간계획안 짜기, 매달 간식이나 석식식단표 짜는 일과 정산하기, 분기별로 수익자경비(간식비, 석식비) 징수에 관한 가정통신문 작성하여 배부하기, 학기말에 만족도 조사하기 등입니다. 또 돌봄교실 운영에 관한 보고공문도 많이 내려오는데 정확히 작성해서 기한 내에 제출하셔야 합니다. 아래 내용을 보면서 깔끔하게 업무처리 합시다!

〈주요 업무〉

- 학부모 면담하기
- 여름방학 중식에 대한 수요 조사하기
- 2분기 간식비 및 석식비, 방학 중 중식비 징수에 관한 가정통신문 발송하기
- 1차 학부모 만족도 조사 실시하기
- 여름방학계획서 작성하기
- 여름방학 체험학습 계획하기

## 학부모 면담하기

돌봄교실에서 '학부모 면담'은 필수사항이 아닙니다. 하지만 선생님께서 판단하시기에 면담이 꼭 필요하다고 느껴지거나 학부모님께서 원하실 경우에는 시간을 맞춰서 면담을 진행하시면 됩니다.

매일 아이를 데리러 오는 경우는 귀가 준비를 하면서 아이에 대한 간단한 이야기를 나누기도 하지만 대부분은 직장에 다니시기 때문에 '전화 면담'이 많이 이루어집니다.

● 좋은 학부모 상담을 위한 조건

학부모와 눈 마주치기, 예의바르고 정중한 언어 사용하기, 진정성 있는 태도로 대하기, 학부모님의 말을 많이 하시게끔 편안한 분위기를 유지하며 맞장구치기, 아이의 칭찬을 구체적으로 하기, 아이가 한 결과물(문제집, 작품집 등)이나 관찰기록을 보면서 이야기하기 등

## 🌸 여름방학 중식에 대한 수요 조사하기

- 2분기는 6월, 7월, 8월에 해당하기 때문에 미리 방학 중 중식을 부모님께서 도시락을 지참하여 돌봄교실에 보내실 것인지, 아니면 학교운영위원회 심의를 거친 중식업체의 도시락을 택하여 중식비를 납부하실지에 대한 수요 조사를 실시해야 합니다.
- 매식을 선택할 경우 중식비 '여름방학 기간 중 돌봄교실 운영일수 × 한 끼당 단가'를 책정하여 내용에 삽입합니다.

## 🌸 2분기 간식비 및 석식비, 방학 중 중식비 징수에 관한 가정통신문 발송하기

- '1분기 간식비 및 석식비에 관한 가정통신문'과 내용은 비슷하나 여름방학 중식비에 대한 안내가 추가로 기재되어 있어야 합니다.

## 🌸 1차 학부모 만족도 조사 실시하기

- 학기별로 1회씩 연 2회 '학부모 만족도 조사'를 실시해야 합니다.
- 설문 양식과 만족도 결과는 당연히 내부결재로 올리지만 교육청에 제출을 요하는 경우도 있으니 그때그때 상황에 맞게 처리하시면 됩니다.
- 만족도 결과는 다음 학기 돌봄교실 운영에 반영하도록 합니다.

## 🌸 여름방학계획서 작성하기

- **내용** : 방학 중 운영시간, 유의사항, 특강계획안, 중·석식식단표
- **일과** : 방학숙제 지도, EBS 시청, 독서교육, 신체활동 등
- **특강** : 방학 동안은 돌봄교실에 오래 있기 때문에 아이들이 지루하지 않도록 재밌고 평소에는 하기 힘든 특별한 프로그램을 준비하는 것도 필요합니다.

  계획서가 작성되면 미리미리 활동재료와 교육용 소모품 등이 준비되도록 합니다.
- ❋ [부록] 5. '여름방학계획서'의 예

## 여름방학 체험학습 계획하기

- 여름방학 중 체험학습은 자연에서 직접 체험을 하는 것도 좋고, 시원한 박물관 같은 곳을 견학하는 것도 의미 있으므로 예산과 날짜를 잘 맞춰서 적절한 장소를 계획합니다.
- 미리 '체험학습계획서'를 결재받아야 함은 물론이고, 체험을 마치고 정산 보고까지 마무리되어야 합니다.
- 현장학습 사진

비눗방울쇼

예절관

놀이공원

박물관

실내놀이터

시골 체험

연극 관람　　　　　　　　　　　　　　　미술관

##  주제4　2학기 ( 9월 ~ 다음해 2월 말 )

아름다운 계절 가을이 오면서 2학기가 시작됩니다.

3월을 지낸 1학기와 업무는 크게 다르지 않지만 방학을 지나는 동안 아이들이 많이 달라졌을 것입니다. 훨씬 더 명랑해져서 교실은 시끄러워질 것이며, 서로 친밀해지고 활동량도 많아져 즐겁게 노는 반면 다툼도 잦아집니다. 아이들은 정말 하루가 다르게 크는 게 맞는가보다 생각할 때가 많거든요. 아이들만큼이나 선생님도 에너지가 넘치고 성숙해져야 멋진 2학기를 잘 마무리 할 수 있는 것 같습니다.

2학기에는 학교에서 작품전시회나 발표회를 하는 경우 돌봄교실도 참여할 수 있는데 큰 행사여서 신경이 많이 쓰이는 것이 사실입니다. 하지만 결과는 그리 중요한 것이 아니니 추억거리 하나 멋지게 남기자고 아이들과 이야기하면서 즐겁게 활동하면 됩니다. 2월말에는 '수료'에 대한 의미를 되새기며 선생님께서 반짝이는 아이디어로 준비하셔서 아이들에게 돌봄교실 생활 1년이 얼마나 근사했는지 느끼도록 해주시면 좋겠습니다.

〈주요 업무〉
- 2차 돌봄교실 학생 모집하기
- 분기 간식비 및 석식비 징수에 관한 가정통신문 발송하기
- 공개수업 및 발표회, 작품전시회
- 겨울방학, 학년말방학 중식 수요 조사하기
- 4분기 간식비 및 석식비, 방학 중 중식비 징수에 관한 가정통신문 발송하기

- 겨울방학계획서 작성하기
- 겨울방학 체험학습 계획하기
- 2차 학부모 만족도 조사하기
- 돌봄교실 컨설팅 준비하기
- 다음 학년 예산 세우기
- 수료파티

## 2차 돌봄교실 학생 모집하기

1학기에 빠진 인원을 충원하거나 새로 돌봄교실에 입급을 원하는 학생을 위하여 '돌봄교실 신청서'를 배부하여 학생을 모집합니다.

## 3분기 간식비 및 석식비 징수하기

'1분기 간식비 및 석식비에 관한 가정통신문'과 내용은 비슷합니다.

## 공개수업 및 발표회, 작품전시회

### ● 공개수업

1년에 1~2회 돌봄교실 공개수업을 할 수 있으나 돌봄교실 특성상 학부모님의 참여율은 저조합니다.

- 공개수업 주제 : 연간계획안에 맞춰도 좋지만 특별한 수업인 만큼 아이들의 호응도가 높고, 선생님께서 자신 있는 주제와 활동을 계획하는 것이 결과가 좋습니다.
- 활동 : 공예, 요리활동, 신체표현, 과학실험 등이 공개수업 때 많이 진행됩니다.
- 준비 : 공개수업계획안(일시, 주제, 활동 내용, 준비물 등 기재)을 작성하여 결재 올리며, 교장선생님, 교감선생님, 담당부장선생님께서 참관하실 수 있도록 미리 안내합니다.

### ● 발표회, 작품전시회

발표회나 작품전시회는 돌봄교실 단독으로 하는 것이 아니라 학교행사로 진행될 때 돌봄교실도 참여하는 정도이므로 크게 부담 갖지 않으셔도 됩니다.

- 발표회 : 무용이나 악기연주 등 한 가지 활동을 정해서 발표회 전에 아이들과 즐겁게 연습한 후 무대에 서도록 하며, 틀리지 않고 잘하는 것보다 아이들에게는 무대에 서는 경

험과 준비하면서 즐거웠던 기억이 남도록 하는 것이 더 보람 있다고 하겠습니다.

- 작품전시회 : 학교 강당에서 전시회를 한다면 돌봄교실 코너를 마련하여 3~5작품을 준비하여 전시하고, 각 교실이나 복도에서 전시회를 하면 돌봄교실에서도 전시하는 공간에 맞춰서 아이들과 준비하는 것이 좋습니다. 보통은 공예작품을 많이 하지만 메이킹북 작품이나 과학실험 결과물 등도 수업과정이 보이기 때문에 근사합니다.

## 겨울·학기말 방학 중식에 대한 수요 조사하기

- 4분기는 12월, 1월, 2월에 해당하기 때문에 미리 방학 중 중식을 부모님께서 도시락을 지참하여 돌봄교실에 보내실 것인지, 아니면 돌봄교실에서 선택한 업체의 중식(도시락)을 택하여 중식비를 납부하실지에 대한 수요 조사를 실시하여야 합니다.
- 매식을 선택할 경우 중식비 '겨울방학·학기말방학 기간 중 돌봄교실 운영일수 × 한 끼당 단가'를 책정하여 내용에 삽입합니다.

## 4분기 간식비 및 석식비, 방학 중 중식비 징수에 관한 가정통신문 발송하기

'2분기 간식비 및 석식비에 관한 가정통신문'과 내용은 비슷합니다.

## 겨울방학계획서 작성하기

'여름방학계획서'와 내용은 비슷합니다.

## 겨울방학 체험학습 계획하기

- 겨울방학 중 체험학습은 어린이 영화나 뮤지컬 등을 관람하거나 실내놀이터를 많이 이용합니다.
- 결재와 예산처리는 여름방학과 동일합니다.

## 2차 학부모 만족도 조사하기

1학기에 실시한 학부모 만족도 조사보다 실질적인 항목을 넣어서 다음 학년에 학부모의 의견이 반영되도록 문항을 작성하여 조사를 하며 결과 보고는 1차와 동일합니다.

## 돌봄교실 컨설팅 준비하기(연중)

- 돌봄교실 컨설팅은 해당 교육청의 돌봄교실 담당장학사님이 오셔서 실시하며 돌봄교실이 생긴 첫 해에는 반드시 컨설팅이 있습니다.
- 준비해야 할 서류는 '돌봄교실 운영계획서(안전계획서를 반드시 포함), 주간계획안, 식단표, 학부모 귀가일지, 일일운영일지' 정도이고, 예산 사용이 적절하게 되고 있는지에 대한 질문에 답을 하실 수 있어야 합니다.

### ○Tip

- 비품대장 정리하기

'비품대장'이란 돌봄교실 목적경비로 어떤 물품을 샀는지, 지금도 사용하고 있는지, 아니면 훼손되어 폐기하였는지에 대한 것을 기록하는 문서입니다. 이것은 매해 새로 작성하는 것이 아니라 돌봄교실 첫 해부터의 기록이 연결되기 때문에 평소에 돌봄교실의 비품(가전제품, 교구장, 교구 등)을 구입했을 경우에는 반드시 '비품대장'에 정리하는 습관을 들여야 합니다. 학년 마지막에는 한 번쯤 비품대장 내역에 대해서 결재를 받아두는 것이 좋습니다.

## 다음 학년 예산 세우기

올해의 예산을 기초로 해서 간단히 작성하여 제출하면 되고, 2월에 교육청에서 다음 해 '돌봄교실 운영계획'이 내려오면 거기에 맞춰서 새로 작성해야 합니다.

## 수료파티

- 학년을 마무리 짓는 날 돌봄교실 아이들과 추억을 남기는 행복한 시간을 가지면 좋겠습니다. 평소와는 좀 다른 색다른 간식도 준비하고, 케이크에 촛불도 다 같이 끄면 좋겠습니다.
- 선생님의 진심 어린 카드와 함께 조그만 선물(예산이 허락한다면)도 하나씩 나눠주고,

아이들 장기자랑 시간도 갖고, 폴라로이드 카메라가 있다면 즉시 찍어서 바로 아이들에게 주어도 행복한 기념품이 됩니다.

● 이 날 '상장'을 하나씩 주는 것은 아이들에게 큰 의미를 남깁니다. 상장틀은 선생님이 얼마든지 출력할 수 있으니 아이들의 특징을 생각해서 상장의 제목과 내용을 적어서 프린트 하시면 됩니다. 예를 들면 '천사 같은 마음을 가진 어린이상, 너무 씩씩한 어린이상, 목소리 크다상, 깔끔이상, 실험왕상, 미래의 한류스타상' 등이 있습니다.

● 또한 내용이 없는 상장틀 종이를 아이들에게 주어서 '부모님께 드리는 상'을 적어보라고 하여 그날 집에 가져가는 것도 재미있습니다. 기억 나는 상장 제목으로는 '어설픈 요리왕상, 돈 버느라 고생 많으십니다상, 나를 위해 담배 끊으셨다는 아버지상, 훌륭하게 클 때까지 기다려주세요상' 등이 있었습니다.

행복한 수료파티

## 알토란 정보

### ♥ 돌봄교실의 비치 서류와 기안문 작성 방법

#### 돌봄교실의 비치서류

학교의 문서가 대부분 전자문서로 간소화되었지만 그래도 꼭 비치해 두고 자주 봐야 하는 문서들이 있습니다. 돌봄교실 운영계획서, 출석부, 일일운영일지, 귀가일지, 주간계획안, 상담일지 등은 반드시 갖추고 계셔야 하며 학생 명단이나 교육비 지원 학생 비치서류, 이력서 등은 밖에서 보이지 않도록 보안이 철저한 곳에 잘 보관하셔야 합니다. 또한 가정통신문, 주간계획안, 돌봄교실 활동 사진은 항상 학교 홈페이지에 올리는 습관을 들이세요.

- 입반원서, 귀가 및 안전동의서
- 교육비 지원 학생 비치서류
- 학생 명단(비상연락망 포함), 학생별 관리카드
- 돌봄교실 운영계획서(안전계획 포함)
- 출석부, 귀가일지(=귀가관리대장)
- 돌봄교실 안전점검일지, 보존식 기록일지
- 주간계획안
- 일일운영일지
- 부모상담일지
- 가정통신문 : 학생모집, 간식·석식비 징수 안내문, 학부모총회, 만족도 조사 등
- 비품대장 : 비품, 가구, 주방용품, 교재교구, 교육용 비품, 소모품으로 분류
- 도서대장

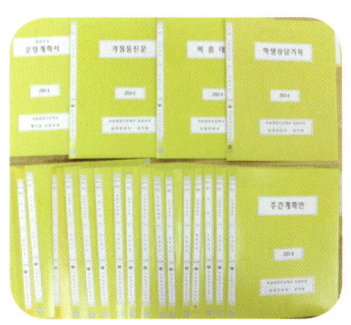
각종 서류철

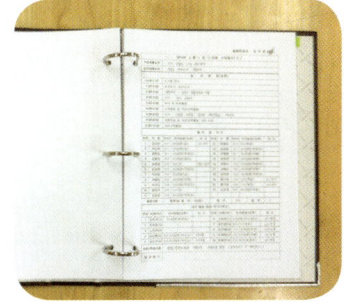
일일운영일지

## 기안문 작성방법

좋은 기안문은 정확하고 간결, 명료해야 하며 상대방이 이해하기 쉽도록 작성되어야 합니다.

문서 내용으로 '반려'되었다면 당연히 의논하여 수정하면 되지만 문서 작성의 기본 원칙인 날짜, 시간 표기나 항목 기호, 본문 내용을 제목만큼 띄어쓰기, 보안문서 설정 같은 것으로 지적을 받았다면 창피한 일이니 반드시 아래 내용을 숙지하시고 작성하시기 바랍니다.

● **문서 작성의 기본 원칙**

- 날짜 : 연, 월, 일의 글자는 생략하고 그 자리에 온점을 찍어 표시합니다.
예) 2014. 8. 27(수) → (잘못된 예) 2014. 08. 27(×), 2014년8월27일(×)

✽ 단 공문제목에 따른 날짜는 다음과 같이 표기 : 초등교육과-1151(2014. 07. 05)

- 시간 : 시, 분 표기는 24시각제에 따라 숫자로 하되, 그 사이에 쌍점(:)을 찍습니다.
예) 15:20 → (잘못된 예) 오후3시20분(×), 15시20분(×)

- 금액 : 아라비아 숫자로 쓰되, 숫자 다음에 괄호를 하고 한글로 기재합니다.
예) 금15,790원(금일만오천칠백구십원)

● **문서의 표기별 항목 기호**

- 문서의 항목을 구분하고자 할 때 항목 기호는 '1 → 가 → 1) → 가) → (1) → (가) → ① → ㉮'의 순으로 표시합니다.

- 필요한 경우에는 부분적으로 'ㅁ, ㅇ, -, · '등과 같은 특수한 기호를 사용할 수 있습니다.

| 구 분 | 항 목 부 호 |
|---|---|
| 첫째 항목 | 1, 2, 3, 4 …… |
| 둘째 항목 | 가, 나, 다, 라 …… |
| 셋째 항목 | 1), 2), 3), 4) …… |
| 넷째 항목 | 가), 나), 다), 라) …… |
| 다섯째 항목 | (1), (2), (3), (4) …… |

● **보안문서로 설정하기**

- 사람의 이름이나 주민번호 등이 입력되는 문서는 반드시 '정보'란에서 '공개 여부'를 '비공개'로 하고 보안문서로 설정하셔야 합니다.

- 학교에서 사용하는 컴퓨터에 아이들 명단 같은 경우에도 반드시 '문서 암호'를 설정해 놓으셔야 합니다.

● **문서의 띄어쓰기 방법**

- 본문은 반드시 '제목' 글자 만큼 띄어서 내용을 작성하셔야 합니다.

```
                      수신자 ** ○○○교육장(○○○과장)
                      제 목 ** ○○○○○○○
                            1. * ○○○○○○
                          ** 가. * ○○○○○○
                          ** 1) ** ○○○○○○
                      (본문) ………주시기바랍니다. ** 끝.
                      붙임 ** 2014학년도 초등돌봄교실운영계획서. ** 끝.
```
'*'표시는 한 칸을 띄움

● **관련 문서가 있을 경우 1번으로 기재를 하고, 본문 다음에 내용이 이어질 경우**

별도의 '다음(아래)'과 같은 표시를 하지 않고, 한 줄을 띄우고 직접 내용을 작성합니다.

---

1. 관련 : 초등교육과-1151(2014. 07. 05)
2. 2014학년도 ********** 협조하여 주시기 바랍니다.

　가. 일시 : 2014 .4. 10(목). 10:30~13:00
　나. 장소 :

---

● **문서의 '끝' 표시**

　- 본문이 끝났을 경우 : 1자(2칸) 띄우고 '끝' 표시를 합니다.
　〈예시〉……주시기 바랍니다.**끝.

　- 첨부물이 있는 경우 : 붙임 표시문 끝에 1자(2칸) 띄우고 '끝' 표시를 합니다.

★점심시간…… 수다 떨자

## 지영샘은 섬마을 선생님？？ : 밤하늘엔 별이 쏟아지다!

저는 온 나라를 붉은 물결로 뜨겁게 축구로 달구었던 '한일월드컵'과 곧 전쟁이 발발할 것 같았던 '제2차 연평해전'이 열리던 그때 2년 동안 연평도에서 병설유치원 기간제 교사로 근무했습니다. 누가 "네 인생에 있어 가장 편안하고 행복했던 시절이 언제입니까?"라고 물으면 전 두 번도 고민하지 않고 "연평도에서 살았던 2년!"이라고 주저 없이 대답합니다.

연평도의 인구는 적지만 학교는 병설유치원이 있는 초등학교부터 고등학교까지 모두 있습니다. 보통 한 학년에 10명 내외인데, 제가 근무한 병설유치원에 아이들이 가장 많았죠. 거기에 근무하시는 선생님들은 모두 같은 사택에 사는데 한 건물로 연립주택 같습니다. 교장선생님 사택만 단독으로 교사 사택 바로 앞에 있었죠. 맛있는 음식을 하면 정말로 위, 아래, 옆집 모두 같이 나눠 먹으니 '한식구'라고 봐야죠.

당시 초등학교에는 여교사가 저 한 명 이었습니다. 영양사선생님도 계셨는데 초등~고등학교까지 담당하시느라 늘 바쁘셨죠. 어쨌든 초등의 유일한 여선생이었으므로 연평도의 섬잔치인 '운동회'나 '학예회' 때 전체 무용은 제가 맡아서 지도했어요. 제가 노래는 좀 되는데, 춤은 정말 영~~~ 아니거든요. 하지만 어쩌겠어요. 해야지…… ㅋㅋㅋ

도시의 학교에서 창 밖을 내다보면 참새나 비둘기가 날아다니겠지만, 연평 학교의 운동장에는 갈매기가 끼룩끼룩 날아다닙니다. 처음 그 광경을 보고 얼마나 신기했던지…….∞

연평도에는 대중교통이 없습니다. 그래서 웬만하면 모두 자전거를 타고 다닙니다. 아침이면 모든 선생님과 아이들이 자전거로 등교하는 평온한 광경이 눈에 선합니다. 학교에 도착하면 가방은 교실에 던져놓고, 담임선생님을 필두로 하여 아이들 모두 자전거를 타고 등대로 향합니다. 체력단련~.

전 그때 그 모습을 보면 항상 영화 「ET」의 한 장면을 떠올렸습니다. ET를 자전거 앞에 태우고 소년이 자전거 페달을 열심히 밟자 같이 있던 모든 아이들이 하늘로 올라가는 그 장면……. 선생님과 아이들도 자전거를 타고 높은 등대로 향하다가 하늘로 올라갈 것 같다는 예쁜 상상~~~.

자전거……. 세발자전거……. 제가 가진 연평도의 추억 중 '자전거에 대한 슬픈 착각'이 하나 있습니다.

슬픈 착각의 주인공은 제가 담임을 했던 유치원 남학생이었는데 보통 섬 아이들은 바닷바람을 맞으며 뛰어 놀기 때문에 피부가 까무잡잡합니다. 그런데 그 '섬 소년'은 피부가

희고 훤칠하니 잘 생겼으며 리더십이 있고, 어린 아이임에도 정말 매너가 남달랐지요. 제가 서울의 집에 다녀오면 "선생님, 배멀미는 없으셨어요? 다행이네요. 걱정했어요."라고 말해줄 정도였어요. 한 번은 제가 아이들과 우유곽으로 집 만들기를 하다가 칼에 손을 베었는데 그 섬 소년이 쏜살같이 달려와 휴지로 제 손의 피를 닦아주며 멋진 멘트를 날려주고 그랬어요. 어른인 제가 교실에서 의지가 되는 그런 멋진 섬 소년이었죠.

어느 날 '안전교육' 중 하나로 운동장에 자전거 길을 그린 후 신호를 잘 지켜서 선을 벗어나지 않고 잘 타는 아이들에게 '자전거 운전면허증'을 발급하는 활동을 했어요. 섬에서는 자전거가 중요 교통수단이기 때문에 아이들도 자전거를 아주 잘 탑니다. 대부분의 아이들이 두발 자전거를 가져오거나 아니면 보조바퀴가 달린 두발자전거를 타는데 글쎄 그 잘생기고 매너 좋은 '섬 소년'이 아주 쬐끄만 세발자전거를 타고 나타난 거예요. 두발은 아직 못 탄다면서……. 그 쬐끄만 세발자전거를 타는 그 섬 소년을 보면서 저는 생각했죠.

'그래, 넌 애기였어. 애기, 애기……. 의지는 무슨……. 매너남은 무슨…….'

연평도에는 없는 게 하나 있습니다. 뭐가 없을까요? 바로 귀신!!! 연평도에는 민간인보다 군인의 수가 훨씬 많습니다. 그 중에서도 해병대가 제일 많죠. '귀신 잡는 해병대'가 드글드글하니 당연히 연평도에는 귀신이 발을 못 붙입니다.ㅎㅎㅎ

그렇다면 연평도에 가장 많은 걸 뭘까요? 바로 살이 통통한 꽃게, 광어, 굴!!! 꽃게잡이 철이면 연평도는 정말로 들썩들썩 합니다. 연평도에서 꽃게와 활어, 굴, 조개 등은 원 없이 먹었습니다. 하지만 게다리가 모두 달린 멀쩡한 꽃게는 못 먹어봤어요. 보통은 그물에서 다리가 떨어져 상품성이 없는 것을 먹었죠. 하지만 그 맛은? 물론 아무 상관 없이 달.지.요.

혹시 '쌍끌이'를 아세요? 배로 하는 쌍끌이 말고, 사람들이 하는 쌍끌이…….

바닷물이 빠지는 썰물 때 남자 선생님들이 가슴 높이까지 물이 차는 곳으로 들어간 다음, 일렬로 그물을 쭉 잡고 물 밖으로 훑어 나오는 겁니다. 그러면 그 그물 안에 펄떡펄떡 뛰는 광어와 이름 모를 생선들이 큰 양동이를 두 개 채우고도 남았습니다. 바다를 바라보며 그 자리에서 직접 회를 쳐서 먹는 그 맛이란……. 음~~~

연평도에는 당연히 극장이 없습니다. 그렇지만 제가 근무할 때 영화를 좋아하시는 한 선생님께서 금요일 밤이면 학교 강당에 암막 치고, 대형 스크린으로 영화를 보여주시곤 하셨습니다.

그때 본 것 중 가장 좋았던 영화는 '빌리 엘리어트'와 '피아니스트'였어요.

영화를 보는 밤이면 거기에서 친하게 지내던 한 부부가 와인을 가져와서 한 잔씩 마셨죠. 맛있는 연평도 포도를 직접 재배하여 오랜 시간 숙성시킨 와인~. 영화가 끝나고 집으로 돌아올 때면 반짝이는 밤하늘의 별들이 저를 또 감동시켰죠.

지금도 가끔 그때의 밤하늘이 보고 싶습니다. 누구라도 연평도의 별들을 만나신다면 깜짝 놀라실걸요? 쏟아져 내려온다니까요~. '디즈니 판타지아'보다 훨씬 근사하죠!

연평도야, 나 없이도 잘 있니? 나는 네가 가끔 몹시 그리워~~~.

# 5교시 후리, 같이 고민하자!

주제 1. 돌봄교실 운영에 대한 고민

주제 2. 학생지도에 대한 고민

주제 3. 돌봄선생님의 처우와 관련된 고민

# 우리, 같이 고민하자!

제가 학교에서 근무하시는 돌봄선생님들만을 회원으로 해서 인터넷 포털 사이트 네이버에 '신나는 초등돌봄교실'이라는 카페를 운영하고 있습니다. 이 카페는 교육 자료와 정보, 돌봄교실에서 일어나는 다양한 일들과 우리들의 일상사를 즐거이 이야기 나누며 긍정 에너지를 얻는 공간입니다.

돌봄교실은 각 학교에 많아봐야 3~4개의 교실이므로 솔직히 궁금한 것이 있어도 어디에 물어봐야 할지, 질문해서 창피한 것은 아닌지, 나만 모르고 있는 것인지 고민 많은 것이 사실입니다. 그래서 '같이 고민하자'라는 코너를 마련하여 의논하고 싶거나 잘 모르는 일은 거기에 묻고 대답을 합니다. 현재까지 1,000여 개가 넘는 질문들이 있습니다. 서로 부족한 부분을 채워주는 공간입니다. 이번 시간에는 거기에 올라왔던 내용 중에서 가장 많은 횟수의 질문거리를 나누어 보도록 하겠습니다. 여기서는 앞쪽에 나와 있는 내용들과 겹치는 부분이 있으나 좀더 실질적이고, 구체적으로 작성하였습니다.

내용은 3부분으로 나누었습니다. '돌봄교실 운영에 대한 부분'과 '학생 지도에 대한 부분', 마지막으로 '돌봄선생님의 처우에 관련된 부분'입니다. 학생 지도에 관한 고민은 어디나 상황은 비슷하기 때문에 상관없지만 돌봄교실 운영과 돌봄선생님의 처우에 관련된 부분은 각 지역마다 사정이 다르기 때문에 이 책에서는 공통된 부분만을 다루려고 했으나 그래도 제가 서울에서 근무를 하기 때문에 서울의 상황이 많이 반영되어 작성되었습니다. 혹시 다를 수 있으니 궁금하시면 각 학교의 해당 담당자에게 어려워 마시고 직접 여쭤보세요. 학교는 배우는 곳이니까요. 만약 수당에 관계된 것이라면 행정실 담당주무관님이나 실장님께, 업무에 관계된 것은 담당부장님이나 교감선생님께 문의하시는 것이 가장 확실하고 정확합니다.

## 주제1 돌봄교실 운영에 대한 고민

　돌봄교실 운영에 대한 고민은 이 책 '4교시의 주제 1. 돌봄교실의 365일'의 내용과 겹치는 부분이 있으나 이번 시간에서 좀 더 실질적으로 작성하려 하였습니다. 각 학교에 맞게 멋지게 운영하시기 바랍니다.

- 전용, 겸용교실에 학생 배정하기
- 공개수업
- 작품전시회
- 무료 교육 지원사업 신청하기
- 자원봉사자 구하기
- 특별 프로그램 강사 채용하기
- 돌봄교실 컨설팅
- 돌봄교실 운영 시 유의사항
- 아이들이 좋아하는 교구 구입
- 돌봄교실 이용 시간에 학원 가기
- 학부모 동반 귀가
- 돌봄교실 급·간식의 보존식

**Q** 저희는 돌봄교실 신청학생이 40명이 넘기 때문에 2반으로 구성하려고 합니다. 그런데 문제가 있습니다. 전용교실은 작년에 지어서 교실 한 칸 반으로 넓고 모든 시설이 제법 잘 갖춰져 있는데 이번에 새로 생기는 겸용교실은 학교에 유휴교실이 없어서 오전에는 1학년이 쓰는 일반 학급입니다. 돌봄교실을 신청한 학부모님들은 당연히 전용교실로 보내고 싶어하실 텐데 이럴 때 어떻게 반 배정을 해야 하나요? 추첨을 해야 하나요?

**A** 학교 사정에 맞으면서 정확한 근거가 있어야 학부모님들께서 문제제기하지 않으십니다. 중요한 사안이니 학교 어른들과 충분히 상의하시고 결정하셔서 학교운영위원회의 심의를 받아놓으셔요.
　'초등돌봄교실 운영 길라잡이'에서는 4가지 방법을 제시하였습니다.

첫 번째는 귀가시간대별로 학생을 배치하는 방법입니다. 그래서 일찍 귀가하는 학생은 겸용교실로, 늦게 귀가하는 학생들은 전용교실로 배정합니다.

두 번째는 방과후학교 프로그램에 많이 참여하는 학생은 아무래도 돌봄교실에 머무는 시간이 적으므로 겸용교실에 배치하고, 참여하지 않는 학생은 전용교실로 배정합니다.

세 번째는 저학년은 전용교실에, 고학년은 겸용교실에 배정하는 방법입니다.

네 번째는 전용교실과 겸용교실을 주기(분기, 학기)별로 순환하여 운영하는 방법입니다.

참고로 저희 학교는 위의 방법을 따르지 않고 '동학년 동급교실'로 배정하였습니다.

저희는 반 배정 시에 63명이었는데 1학년이 40명, 2·3·4학년이 23명이었습니다. 그리고 저희는 겸용교실이라도 유휴교실이라서 돌봄 전용으로만 쓰기 때문에 전용교실과 시설 면에서 큰 차이가 없었습니다. 그래서 겸용교실 두 반은 1학년(그것도 반별로 배정... 숙제 봐주기가 편하므로)으로, 전용교실 한 반은 2·3·4학년으로 배정하였습니다.

**Q** 이번에 돌봄교실 '공개수업'을 해야 합니다. 어떤 수업이 좋을까요?

**A** 공개수업에 학부모님의 참여도가 높다고 판단되시면 '참여수업'의 형태가 좋습니다.

학부모님과 학생이 함께 공동 작업을 하거나 게임 등을 진행하면 의미 있고 즐거운 시간이 될 수 있습니다. 예를 들면 공동 작업의 경우에는 '케이크 만들기, 전통 등 만들기'와 같이 약간은 어렵지만 멋진 작품이 완성될 수 있는 주제로 진행하시거나, 게임의 경우 강당에서 체육선생님처럼 여러 가지 기구를 총집합하여 규칙을 정한 활동을 하시면 됩니다. 하지만 대부분의 돌봄교실은 학부모님께서 직장에 다니시기 때문에 참여율이 저조합니다. 담당부장님이나 교감, 교장선생님 등 학교 어른들이 많을 때가 더 많습니다. 그럴 거라는 예상이 드시면 선생님께서 잘하시는 수업을 하셨으면 좋겠습니다.

예를 들어 선생님께서 '과학실험'을 좋아하신다면 쉽고 재미난 원리의 과학 프로그램을 주제로 잡아서 진행을 하시면 됩니다. 선생님께서 평소에 안해보신 수업을 하시면 아이들이 당황스러워합니다. 그러므로 아이들과 가장 소통이 잘 되는 프로그램을 하시되 주제는 계절에 맞으면 좋을 것 같습니다. 미술을 잘하시는 선생님께서는 즐거운 미술 프로그램을, 요리를 잘하시는 선생님께서는 특별하고 맛있는 요리 프로그램을 진행하시면 됩니다. 그리고 공개수업 전에 미리 공개수업 일시와 장소, 수업계획안 등을 작성하셔서 내부결재를 마치신 다음 진행하시는 것을 잊지 마세요!

**Q** 학교에서 '작품전시회'를 하는데 돌봄교실도 참여하라고 하십니다. 어떤 작품이 좋아요?

**A** 평소에 했던 작품을 전시하기도 하지만 보통은 '작품전시회'를 위해 새롭게 만들게 되죠. 그럼 먼저 전시공간을 알아보셔야 합니다. 각 반의 복도에 책상을 배치하여 작품을 진열하는지, 아니면 강당 같은 곳에서 반별로 작품을 전시하는지를 아셔야 그에 따라 작품의 크기와 종류, 작품수를 정할 수 있으니까요. 전시공간이 넓으면 큰 작품(이왕이면 공동 작품)을 먼저 자리 잡게 한 다음, 그 옆으로 분위기에 맞게 작품 주제를 정하시면 좋겠어요.

자기 교실 복도 앞에 하게 되면 전시공간이 넓어지기 때문에 평소에 했던 결과물과 아이들 개인 파일을 전시하기도 합니다. 전시공간이 좁다면 예쁘고 아기자기한 것으로 진열을 하셔야겠죠. 거기에 맞춰 예쁜 POP 글씨로 '돌봄교실' 간판도 붙이고, 작품에 맞는 소품도 잘 챙기시면 좋겠어요.

어떤 작품이 좋으냐고 물으신다면 공간에 따라 다르지만 당연히 미술작품(정밀화, 클레이, 전통공예품 등), 메이킹북 작품(입체이기 때문에 전시효과도 좋고, 읽는 재미도 있음), 과학실험 결과물(로켓이나 생활 창의 소품 같은 것도 전시물로 훌륭함) 등이 있습니다.

**Q** 저희는 돌봄교실이 생긴 지 얼마 되지 않아 특기적성강사님을 모시기에는 예산상 부담스러워요. 다른 학교를 보니 돌봄교실을 대상으로 한 무료사업 지원이나 무료로 강사를 파견해주는 곳도 있다던데, 어떻게 하면 되나요?

**A** 무료 지원사업은 '공문'을 통해서 발송되어 모집하는 경우가 많으니 날짜에 맞춰서 신청하시는 것이 중요합니다.

서울에서는 가장 좋은 프로그램으로 서울문화재단의 '예술로 돌봄' 사업을 들 수 있습니다. '미술, 음악, 연극 등' 통합예술을 하는 강사님이 돌봄교실로 일주일에 1번 오시는데 다양한 수업자료와 완성도 높은 예술 프로그램을 진행해 주시기 때문에 아이들에게는 색다른 경험이 되어 참 좋습니다. '녹색교육센터'의 환경학교 사업, 독서활동수업 지원 사업, 구청에서 지원되는 '시니어강사 프로그램' 등이 있습니다. 그리고 제가 있는 양천구 생활체육회에서는 체육강사님들이 일주일에 1번 두 분이 오셔서 체육수업을 90분간 해주시는데 아이들이 굉장히 즐거워합니다.

학교에 따라서는 학부모님들의 재능기부를 받으실 수도 있으며, 서울에 근무하신다면 '동행(동생행복도우미)'을 신청하셔서 대학생들의 도움을 받으시면 좋겠습니다. 대학생들이 봉사를 오는 것으로 서울시에서 봉사학생 수만큼 일정 부분 예산도 지원해 줍니다(2014학년의 경우는 '봉사 대학생 수×9만 원' 지원받음).

질 높은 돌봄교실 프로그램이 되기 위하여 선생님들께서 항상 빠르게 정보를 수집하시는 것도 필요합니다.

**Q** 저희 교실은 아이들이 25명이라 보조교사를 채용하고 싶은데 예산이 많이 들기 때문에 어렵고, 무료로 자원봉사자를 쓸 수 있다던데, 어떤 방법이 있어요?

**A** 서울의 경우는 '동행(동생행복도우미)'의 도움을 받는 학교가 많습니다. 또한 교육대학 학생들이 봉사를 오는 경우도 있고, 돌봄선생님을 하고 싶어하는 분들이 개인적으로 봉사를 신청하기도 합니다. 또한 '여성발전센터' 같은 곳에서 봉사자를 받겠느냐는 공문이 오면 날짜에 맞게 신청하여 봉사자로 쓰실 수 있습니다. 그리고 학교에 따라서는 학부모님 중에서 봉사자를 모집하는 방법도 있습니다.

**Q** 돌봄교실에서 다양한 프로그램을 운영하기 위하여 특기적성강사를 채용하려고 합니다. 강사 채용을 하는데 있어 공고문을 내야 하나요? 그리고 강사비는 얼마를 지급하나요?

**A** 돌봄교실 예산이 허락하는 한 특기적성 강사를 채용하여 프로그램을 운영하실 수 있습니다. 그런데 돌봄교실에서는 강사를 많이 뽑지도 않고 '성범죄 조회'도 해야 하는 등 복잡한 상황들이 있기 때문에 보통은 학교 내 '방과후학교'의 특기적성강사 중에서 평판이 좋은 강사님을 추천받아 돌봄교실에서 원하는 시간에 맞춰 협의한 후 진행하는 것이 편하십니다. 방과후학교 특기적성강사를 쓰는 경우에는 채용서류도 학교의 서류로 대신하고 '내부결재'만으로 끝내실 수 있습니다(내부결재 내용 : 프로그램명, 강사명, 프로그램 횟수, 강사비, 강사비 지출항목 등).

강사비 책정은 40분 수업인지 60분 수업인지와 한 교실만 진행하는지 두 교실을 연속으로 진행하는지에 따라 다르고, 같은 시간의 강좌라도 프로그램에 따라 다르기 때문에 강사비가 얼마라고 말씀드리기는 곤란합니다.

이 문제는 방과후 담당부장님이나 교감선생님, 실장님과 의논하시면 좋겠습니다.

**Q** 교육청의 장학사님이 나오셔서 돌봄교실 컨설팅을 하신답니다. 어떤 서류를 준비해 놓아야 하나요?

**A** 서류라고 하면 가장 중요한 것은 선생님 학교 해당 학년도 '**초 돌봄교실 운영계획서'입니다. 여기에는 당연히 수익자부담경비와 목적경비의 운용, 학생 반배정의 원칙, 연간 교육계획서, 프로그램 운영 등이 포함되어야 하며 학교운영위원회 심의를 마친 것이어야 합니다. 그리고 특히 중요한 '안전'에 관한 문제가 돌봄교실에 없는지를 물으십니다.

'안전교육계획서', '하교안전계획서', '귀가안전일지', '안전점검 체크리스트' 등을 꼼꼼히 준비하시고, 그 외에는 주간교육계획안, 일일운영일지, 학부모상담일지, 출석부 정도를 비치하고 계시면 됩니다. 보통 '수업장학'은 하시지 않지만 혹시 하신다고 해도 평소처럼 하시면 됩니다. 우린 프로니까요~~ ∞

**Q** 돌봄교실 운영시에 정말로 조심해야 하는 사항들은 뭐가 있을까요?

**A** 이 부분은 중요하므로 하나씩 집어 드릴께요!
사업 목적 외 운영비를 혼용하여 쓰면 안됩니다(예를 들면 '간식비' 항목으로는 간식비만 지출하셔야지 이 예산으로 소모품이나 교구를 사면 안 된다는 뜻입니다).

- 운영시간대(오후돌봄, 저녁돌봄) 입급 학생 수보다 많은 간식비(급식비)를 지출하지 않습니다(선생님 간식과 급식은 포함시키지 않습니다).
- 학생의 조기 귀가를 종용하거나 학생 귀가 후 돌봄선생님의 조기 퇴근은 금합니다.
- 학교 재량휴업일, 토요휴업일, 방학 중 미운영으로 민원이 제기되지 않도록 합니다.
- 남은 간식을 나중에 주거나 급식하고 남은 것을 재활용할 수 없습니다.
- 학교운영위원회 심의 절차 없이 수익자부담경비를 징수하거나 업체를 선정할 수 없습니다.
- 각종 포인트를 적립(빵집, 대형마트, 전자대리점 등)하거나 사용하지 마세요.
- 개인정보(주민번호, 핸드폰 번호, 주소 등)가 들어가는 문서는 반드시 '암호'를 설정하여 컴퓨터에 저장하시고, 가정에서 받는 서류(입반원서, 참가희망서 등)에도 주민번호나 전화번호

등이 기재되는 서류에는 '개인정보동의서'란을 만들어서 사인을 받아놓아야 합니다.
- 냉장고에 있는 식품들의 유통기한을 확인하고, 개봉일을 반드시 붙여 놓습니다.
- 학교에서 지급되는 음식인 '간식(반조리식품 즉 삶은 고구마, 삶은 달걀 등)과 중식, 석식'은 '보존식 냉동고'에 6일간 보존합니다.
- 석식 보조인력(석식을 조리해 주시는 분)의 '보건증'은 반드시 비치되어 있어야 합니다.

Q 저희는 이번에 돌봄교실을 만들어서 이제 남은 예산과 운영비로 교구를 구입하려고 합니다. 비싸지 않으면서도 아이들이 좋아하고, 많이 활용되는 것은 어떤 것이 있을까요?

A 아이들은 주로 놀이류를 좋아하지만 다양한 영역의 교구를 준비하는 것이 좋습니다. 저희 돌봄교실에서 잘 활용하는 교구를 알려 드릴게요. 참고하세요.
- 블록류 : 레고, 카프라, 클리코(폴리블록), 자석블록 등
- 역할놀이 교구 : 어린이용 화장대ㆍ싱크대, 모형 음식, 여러 가지 인형, 다양한 소품 등
- 전통놀이 교구 : 공기놀이, 윷놀이, 실뜨기, 칠교, 투호놀이 교구 등
- 보드게임류 : 젠가, 블루마블, 루마큐브, 다이아몬드게임, 도미노게임, 덤블링몽키, 초코픽스, 인생게임, 모노폴리 등
- 미술 영역 : 색종이, 종이접기책, 색도화지, 폐품류(우유곽, 야쿠르트통, 휴지심 등), 색연필, 사인펜, 모양 찍기 도장, 소형칠판, 보드마카 등
- 도서 영역 : 초등학생용 필독서ㆍ권장도서, 동화책, 학습만화 등

Q 아이가 영어학원을 꼭 가야 하는데 저학년이다 보니 학원시간이 이릅니다. 그래서 정규수업 마치고 영어학원을 갔다가 오후 4시에 돌봄교실로 와서(학원차가 학교로 데려다줌) 엄마가 퇴근하는 오후 7시까지 있고 싶다고 사정하는데, 학원차가 아이를 학교로 데려다주니까 돌봄교실에서 받아줘도 될까요?

A 돌봄교실이 대부분의 사항은 모두 허락하여 학생을 받지만 중간에 나갔다가 다시 돌봄교실로 오는 것은 안 됩니다. 이것은 학생의 안전 때문에 그렇고, 또 한 아이가 그러기 시작하면 다른 아이들도 영향을 받아 들락날락하게 되어 돌봄교실 운영은 너무나 정신없어질 것입

니다. 안타깝지만 그 학부모님께 돌봄교실의 운영방침을 잘 설명하셔서 다른 대안을 선택하시도록 잘 말씀드리세요.

**Q** 저희 학교는 안전사고 문제로 돌봄교실의 모든 학생을 '학부모 동반귀가'를 시켜야 한다는데 어떻게 해야 할까요?

**A** 돌봄교실은 '학부모 동반귀가'가 원칙이지만 대부분 맞벌이부부이시다 보니 오후돌봄의 경우 오후 5시 이전에 아이를 데리고 귀가하시기는 힘드십니다. 그렇지만 학생 안전상의 문제가 크기 때문에 '대리인 사전 지정제'를 통하여 다른 어른(친척 등)이 귀가를 시킨다거나 불가피한 경우에는 대학생 봉사자나 지자체 귀가도우미, 보조사 등을 활용하실 수 있습니다.

저희 학교의 경우는 대부분의 학생들이 학원을 가기 때문에 학교 정문에서 보안관님이 보시는 앞에서 학원차를 타고 귀가합니다. 그리고 오후 5시 이후는 반드시 학부모님이나 미리 지정한 대리인이 와서 아이와 함께 귀가합니다. 그런데 몇 년 전에 부모님께서 몸이 불편하셔서 집에 데려다준 경우가 있습니다. 제가 데려다준 것은 아니고, 저는 남아 있는 다른 학생들을 돌봐야 하므로 석식을 조리해 주시는 분이 일을 마치신 후 그 학생을 집에 데려다주고, 거기서 바로 퇴근하도록 하였습니다.

다른 학교의 이야기를 들어보면 집에 어른이 있을 때 보안관님이나 봉사자를 통하여 귀가시키는 학교도 간혹 있고, 2시간 정도만 귀가를 도와주는 봉사자를 채용하기도 하더라고요. 어쨌든 방법은 다양하니 학교 여건에 맞게 안전한 귀가 방안을 마련하시는 것은 필수입니다.

**Q** 저희 교실은 좁아서 '보존식 냉동고'를 놓을 자리도 마땅치 않습니다. 꼭 보존식을 해야 하나요?

**A** '보존식'은 식중독 같은 사태가 벌어졌을 때 정확한 진단을 위해서 필요합니다.

간식의 경우 완제품을 제외한 반조리식품(삶은 고구마, 삶은 달걀 등), 중식, 석식을 보존식으로 하며, 보존식 냉동고는 크지 않아도 됩니다. 그 안에는 보존식 그릇(스텐리스 용기)을 이용하셔서 6일간 보관하시면 됩니다. 칸이 5칸 정도 되면 맨 위쪽은 월, 두 번째는 화, 이런 식으로 금요일까지 칸을 정해놓고 하시면 복잡하지 않습니다.

● 보존식 지침 : 음식 종류별로 각각 100g 이상, 소독·건조된 기구에 담기, 보존식 전용 냉동고에 영하18도 이하에서 144시간(6일간) 보존함

# 주제 2  학생 지도에 대한 고민

'2교시의 주제 2. 별난 아이들에게 더 관심을!'에도 문제행동 지도에 관한 부분이 있습니다. 여기서는 문제행동 시 바로 대처하는 구체적인 방법을 제시하고자 합니다. 하지만 문제행동 지도의 기본은 앞에서도 말씀드린 것처럼 일관성 있는 태도가 중요하고, 아이들이 수긍할 수 있는 꾸짖음과 대안제시가 동시에 이루어져야 하며, 격려와 무관심을 적절히 사용하실 수 있어야 합니다. 또한 선생님께서 여유를 가지고 조급해하지 말라는 것과 바람직한 행동을 했을 때는 아낌없는 칭찬과 격려를 해주고, 나쁜 행동이 반복되면 담임선생님, 학부모님과 의논하시는 것 잊지 마세요!

- 무조건 하기 싫다는 아이
- 다른 아이를 방해하는 아이
- 교실 밖으로 돌아다니는 아이
- 돌봄교실을 끊겠다는 아이
- 스마트폰을 하고 싶어하는 아이
- 틱장애가 있는 아이
- 특수아동 지도하기
- 프로그램 시작 시 집중시키는 방법
- 아동학대 신고 의무
- 교직원 자녀의 지도

**Q** 돌봄교실에서 뭐만 하자고 하면 "~ 하기 싫어요.", "전 안할 거예요."라고 하는 아이가 있어요. 아, 정말 그 아이 때문에 다른 아이들까지 따라 해서 수업 분위기 망쳐 버리는 일이 허다해요. 선생님들은 어떻게 하세요?

**A** "싫어요"뿐인가요……. "됐거든요~, 왜 나만 시켜요, 안하면 안 돼요? 난 그 활동 재미 없어요. 집에서도 맨날 하는데 여기서도 해야 돼요?" 이런 말들 많이 하지요. 그럴 때 아이가 정말 몸 컨디션이 안 좋거나 많이 피곤한 것 같으면 한두 번 활동에서 제외시켜 줄 수도 있

습니다. 하지만 대부분은 습관처럼 하는 말일 경우가 많죠. 그럴 때 선생님께서 아이에게 끌려가시면 안 됩니다. "지금 이 활동이 하기 싫으면 안해도 되는 대신 네가 좋아하는 활동(예를 들면 체육활동, 운동장에서 놀기 등)도 할 수 없단다."라고 단호하게 이야기하실 필요도 있습니다. 이 세상에서 자기가 좋아하는 것만 하고 살 수 없을 뿐더러 돌봄교실에서 하는 활동은 선생님이 많이 생각해서 넣는 프로그램들이기 때문에 아이가 하기 싫다고 해도 참여시키도록 합니다.

### ● 불만노트, 칭찬노트

교실 한쪽에 '불만노트, 칭찬노트'를 비치해 놓습니다. 아이들이 불만이 많을 때 모든 것을 말로 다 할 수는 없으니 '불만노트'에 적게 하세요. 적으면서 아이가 마음이 풀릴 수 있고, 그 노트를 보면서 다른 아이들이나 선생님도 반성할 일이 있으면 반성하여 수정하면 서로 좋으니까요. 그리고 같이 '칭찬노트'도 마련해 두어 칭찬을 많이 받는 학생이 있으면 '이번주 천사'와 같은 명칭을 붙여주고, 작은 선물을 주는 것도 좋습니다. 불만노트와 칭찬노트 꼭 활용해 보세요!

### ● 칠판에 이름 적기

아이들은 칠판에 그림을 그리거나, 글씨 쓰는 것을 좋아합니다. 그것을 이용하는 거예요. 아이들이 하기 싫어하는 연산, 받아쓰기 연습 같은 것을 시키실 때 빨리 끝낸 사람부터 칠판에 자기 이름을 적게 하세요. 그러면 아이들 사이에 경쟁이 붙어서 쉽고 빠르게 끝내기도 한답니다.

**Q** 저희 반에 다른 아이의 활동을 자꾸 방해하고, 괴롭히면서 아주 번잡하게 구는 아이가 있습니다. 어떤 방법으로 지도하면 좋을까요?

**A** 일단 선생님께서 나쁜 행동을 지적하실 때나 싸우는 행동을 멈추게 하실 때는 단호하고 낮으며 약간 큰 목소리로 말씀하셔야 합니다. 그래야 아이들 소리에 묻히지 않고, 분위기도 조용히 잡힙니다. 그리고 일이 해결된 다음에는 절대로 오해가 없도록 반드시 품어 안아주셔야 해요("난 네가 미워서 그런 게 아니고, 너를 바르게 키우고 싶어서 꾸짖은 거야"라는 의미가 충분히 전달되도록!!).

- **'체크리스트'를 만들어 사용해 보세요.**

저희 교실에서는 욕하는 것, 친구랑 싸우는 것(때리는 것 포함), 괜히 소리 지르는 것(요즘 교실이 너무 시끄러워서 추가했어요)을 할 때마다 당사자의 동의하에 체크를 해요.

이 체크 항목이 너무 많으면 또 곤란합니다. 3~4개 정도만……. 그리고 아이들과 함께 정하세요. 체크가 5개가 되면 '~~~한다', 체크가 7개 되면 '~~~한다.' 참고로 저희는 체크가 5개가 되면 교장선생님께 가는 것, 7개가 되면 아빠(엄마 말고…)에게 전화해서 말씀드리는 것으로 정했어요. 교장선생님이 남자분이고, 아무래도 학교의 최고 어른인 것을 알기에 제일 무서워하는 것 같아요. 그런데 이 방법은 반드시 아이들과 합의 하에 정하셔야 합니다. 그래야 아이들도 수긍을 합니다. 그 과정이 교육이기도 하고요.

어쨌든 아이들이 보는 앞에서 우리가 정한 나쁜 행동을 했을 때 체크리스트에 체크를 하면 아이들이 깜짝 놀랍니다.

제가 체크는 잘도 하지만 솔직히 한 번도 이 체크한 것 때문에 교장실에 가거나 아빠에게 전화한 적은 없어요. 왜냐하면 착한 행동을 하면 체크된 것을 바로 지워주거든요. 이 방법을 한 번 써보세요.

- **우리가 제일 많이 쓰는 격리의 한 방법인 '생각 의자'도 있지요.**

생각 의자에 앉아 있는 시간은 자기 나이에 2배(8살이면 16분)를 넘지 않도록 합니다.

- **정도가 심해서 아무래도 문제가 발생될 수 있다고 생각되는 학생이 있으면 '학생관찰일지'에 잘 기록해 놓으셔야 합니다.** 그리고 담임선생님과 아이에 대해서 많은 말씀 나누시고, 또 부모님과 상담하시는 것도 필수입니다. 그럴 때 그냥 이야기하는 것보다 '학생관찰일지'를 보면서 이야기를 하면 더 정확하고 심도 깊은 상담이 될 수 있습니다. 또한 학교에 '전문 상담선생님'이 있으시면 도움을 요청하시고, 치료가 필요할 정도가 되면 관찰일지를 첨부하여 치료에 도움이 되도록 하시면 좋겠습니다.

**Q** 화장실을 다녀오겠다고 하고는 온 학교를 돌아다니는 아이들이 있습니다. 화장실을 가겠다는 것을 가지 말라고 할 수도 없고, 또 돌아다니는 아이들을 제가 일일이 잡으러 다닐 수도 없고, 정말 어찌해야 좋을지 모르겠어요.

**A** 돌봄교실에서는 프로그램 활동을 할 때 빼고는 자유롭게 공부하거나 독서 등을 하기 때문

에 일반 학급처럼 공부 시간과 쉬는 시간이 정확하지 않습니다. 벨(학교종)이 따로 울리는 것도 아니구요. 그래서 교실 밖을 나가고 싶으면 무조건 화장실에 가겠다고 하는 아이들이 있죠. 게다가 교실 안에는 선생님이 있기 때문에 화장실에서 몰래 아이들끼리 모여서 나쁜 짓(딱지나 카드 주고받기, 세면대에서 물장난 등)을 하기도 합니다.

● 학기 초, 저학년 아이들일 경우

목걸이를 3~5개 정도 출입문에 걸어 놓고, 목걸이가 있을 때만 가는 것입니다. 목걸이가 없을 때는 나갈 수 없도록 합니다. 그러면 아이들이 한꺼번에 많이 나갈 수도 없고, 잠깐 참을 수 있는 참을성도 길러집니다.

● 심부름 보내기

일부러 보내지 않아도 될 심부름을 보내는 것입니다. 예를 들면 특별실(되도록 멀리 떨어진) 선생님께 복사용지 가져다 드리기, 4층에 있는 도서관 선생님께 도서 반납하고 오기 같은 심부름을 보내시면 아이도 나가고 싶던 찰나에 4층까지 신나게 한번 갔다 오니 좋고, 게다가 선생님의 심부름이니 칭찬받으니까 좋고…… 일석이조입니다.

● 아이들이 심하게 교실 밖을 나가거나 교실에서 많이 번잡할 때

하던 일을 멈추고, 운동장으로 나가세요(비 오면 강당이나 체육실). 그래서 신나게 뛰고 소리 지르다가 들어와 깨끗이 세수하고, 다시 계획했던 일을 하시는 융통성도 필요합니다.

**Q** 돌봄교실을 운영하면서 제일 맥 빠지는 소리는 "저, 돌봄교실 끊을래요!"입니다. 일반 학급과는 다르다고 생각하는지 돌봄교실이 학원이나 학습지도 아니건만 자기 마음에 들지 않는 일이 생기면 돌봄교실을 끊겠다고 해서 저를 기분 상하게 합니다. 혼을 내줘야 할지 정말로 학부모님께 말씀드려 고민해 보시라고 해야 할지 난감해요.

**A** 정말 맥 빠지는 소리죠. 게다가 한 아이가 그렇게 말하면 옆에 있는 아이들도 "나도 끊을 거야. 끊어야겠어!" 이렇게 동조를 하니까요. 어느 교실이나 비슷한 것 같아요. 그러니 절대 선생님께서 마음 상하실 필요는 없으세요. 하지만 그냥 아무 생각 없이 내뱉는 말이 아니라면 아이의 마음을 읽어주시는 게 중요합니다. "그렇구나. ㅇㅇ가 돌봄교실에 다니기 싫구나. 그런데 ㅇㅇ 부모님도 그러길 원하시니? 이건 ㅇㅇ 혼자 결정할 일은 아니야. 부모님과 선생님이 상의를 해야 하는 문제야. 그런데 ㅇㅇ는 왜 돌봄교실에 다니기 싫으니?" 라고 물어보시

고 아이의 이야기를 들어보아야 합니다. 괴롭히는 친구가 있는지, 돌봄교실에서 학습하는 것이 너무 어려운지, 몸이 많이 피곤해서 그런지 원인을 알아보시고, 개선의 여지가 있는 것은 개선하고, 돌봄교실의 필요성에 대해서 이야기해 주시면 좋겠습니다. 그리고 아이의 마음이 풀리면 선생님 속 이야기도 하세요. "○○가 그렇게 말하면 선생님은 정말 속상하단다. 우리 ○○랑 오늘 재밌는 활동하려고 준비도 많이 했는데……"라구요~~~

**Q** 교실에서 스마트폰을 계속 하고 싶어하는 아이들이 있어요. 그래서 가방에 넣으라고 하면 엄마가 전화하신다고 했다면서 가방에 넣는 것을 거부하고, 주머니에 넣었다가 제가 안 보는 사이에 또 꺼내서 게임을 하려고 해요. 어떤 방법으로 제재를 가하시나요?

**A** 이건 먼저 학부모님들과 협의가 되어야 하는 사항입니다. 왜냐하면 부모님들께서도 아이가 정말로 돌봄교실에 잘 갔는지, 학교에서 별일은 없는지, 학원 가는 사항 등을 잊지는 않았는지 통화하고 싶어하시거든요. 그래서 첫 번째 '학부모 오리엔테이션' 때 충분히 핸드폰 사용에 대한 안내를 하셔야 합니다. 저희 교실에서는 돌봄교실에 들어오면 핸드폰을 '핸드폰 바구니'에 넣어놓습니다. 물론 로그오프 상태로... 그랬다가 귀가하면서 핸드폰을 켭니다. 그리고 학부모님께서 아이에게 하고 싶은 말씀이 있으면 돌봄교실 전화나 제 핸드폰으로 해달라고 말씀드립니다. 그러면 바꿔드리겠다고 하죠. 그렇게 하지 않으면 아이들은 돌봄교실에서조차 스마트폰에서 헤어 나오지 못하거든요. 스마트폰의 폐해에 대해 오리엔테이션 때 말씀드리면 부모님들도 이해하고 방침에 따라 주십니다.

**Q** '틱장애'를 가진 학생이 있어요. 저는 틱장애라면 눈을 깜빡이는 것만 있는 줄 알았는데 이 학생은 "꾸액, 꾸액, 꽥" 이런 도살장 끌려가는 돼지 같은 소리를 아무 때나 크게 냅니다. 제가 어떤 도움을 줘야 할까요?

**A** 저도 이번 기회에 틱을 정확히 알고 싶어서 찾아봤어요. 그랬더니 틱장애도 여러 형태가 있더라구요.
- ❶ 단순 근육 틱 : 눈 깜박거리기, 얼굴 찡그리기, 머리 흔들기, 입 내밀기, 어깨 들썩이기
- ❷ 복합 근육 틱 : 자신을 때리기, 남의 행동을 그대로 따라 하기, 외설적인 행동하기
- ❸ 단순 음성 틱 : 킁킁거리기, 가래 뱉는 소리 내기, 기침 소리 내기, 침 뱉는 소리 내기

❹ 복합 음성 틱 : 상황과 관련 없는 단어 말하기, 욕설하기, 남의 말 따라 하기
'틱장애'는 대부분 그냥 놔둬도 좋아지지만 꾸준한 치료를 해야 하는 경우도 있습니다.

이건 병원과 부모님께서 판단하실 일이죠. 어쨌든 틱은 일부러 아이가 그런 행동을 보이는 것이 아니므로 아이를 나무라거나, 하지 말라고 주의를 주는 것이 아니라 아이가 좋아하는 활동에 집중할 수 있도록 환경을 마련해 주는 것이 중요합니다. 아이의 틱 행동에 대해서 '관심을 가지되 관심 가지는 것을 티내지 않기'로 지도하시면 됩니다.

**Q** 저희 교실에 특수아동이 입급했어요. 언제 터질지 모르는 휴화산 같아요. 도저히 저 혼자는 감당이 안 되는데 어떻게 하면 될까요?

**A** 저희는 특수교사 자격증이 없기 때문에 원칙적으로는 특수아를 돌볼 수 없으나 돌봄교실이 학교 안에 있기 때문에 특수아의 부모님이 원하실 경우 돌봄교실에서 받지 않을 수는 없습니다. 특수아동이라는 판명이 난 학생이라면 학교에 특수반('희망반' 등의 이름으로도 불려요)이 있을 것입니다. 그러면 그 교실에서 오후 4시 30분까지 돌본다거나 아니면 특수반에는 특수교사와 특수교육실무사가 있으니 돌봄교실에서 보게 되더라도 특수교육실무사의 도움을 받으면 좋겠어요. 그게 여의치 않다면 봉사자(동행 대학생, 학부모 봉사자, 시설 봉사자, 공익요원 등)의 도움을 받으시는 것이 학생 개인에게도 돌봄선생님께도 바람직합니다. 원론적인 이야기지만 아이를 많이 쓰다듬어주고, 손잡고 눈 맞추면서 이야기해 주시고, 틈나는 대로 다독거려 주시는 것은 기본입니다. 별것 아니라도 같이 활동에 참여하는 일이 있으면 많이 칭찬해 주세요. 또 반에 그 친구를 도와줄 아이를 정해서 도움을 주는 것도 좋아요. 하지만 말이 쉽지 정말 어렵다는 것을 우리는 잘 압니다.

**Q** 저는 초보 선생님입니다. 프로그램 활동을 시작할 때 아이들을 집중시키기 좋은 방법은 뭐가 있을까요?

**A** 늘 들으셨던 이야기일 거예요. 재미있는 박수 치기, 반 구호 만들어 외치기, 손유희, 침묵게임, 손인형으로 도입하기, 퀴즈 맞추기 등이 있어요. 하지만 선생님만의 재밌는 방법을 만드신다면 더 좋겠죠? ∞

**Q** 제가 보기에 아무래도 아이가 집에서 심하게 맞는 것이 아닐까 의심되는 학생이 있습니다. 오해가 생길까 싶어서 함부로 부모님께 말씀드릴 수도 없고, 어떻게 이 문제를 해결해야 할까요?

**A** 섣불리 말하기 힘든 사안이지만 이건 아주 중요하니 잘 처리하셔야 합니다.

보건복지부에서는 2013년 울산에서 계모가 8살 딸을 상습적으로 때려 숨지게 한 사건이 발생함으로써 초등학교 교직원, 학원강사 등을 '아동학대 신고 의무자'로 지정하였고, 신고 의무가 있는데도 방치하였을 경우 신고 의무자를 찾아 과태료를 부과하기로 결정했습니다. 그러니까 학교에서 근무하는 우리들은 '아동학대 신고 의무자'입니다. 과태료가 무서운 건 아니지만 우리는 폭력으로부터 아동을 보호해야 할 의무가 있다는 것입니다. 그러므로 아이의 이야기를 들어보면서 기록하시고, 필요하면 사진도 찍어 놓으셔야 합니다. 그리고 반드시 담임선생님과 상의하시고, 담당부장님이나 교감선생님께도 말씀드리세요.

**Q** 저희 교실에 3학년 선생님 자녀가 다니고 있습니다. 그런데 이 아이(1학년)는 돌봄교실에 와서 아무 때나 엄마한테 간다고 하면서 3학년 교실로 가고, 얼마 전부터는 아예 얘기도 안하고 엄마 교실에 가서 놀고 그래요. 그럼 전 아이가 안 보일 때마다 3학년 선생님께 전화해서 아이가 있냐고 물어보고…… 아이들 다툼이 일어나도 "엄마한테 이를 거야!" 하면서 울고 엄마 교실로 뛰어갑니다. 어떻게 해야 좋을까요? 일반 아이들보다 그런 문제 때문에 더 힘들어요.

**A** 교직원 자녀가 은근히 신경 쓰이는 것은 사실입니다. 하지만 아이의 입장에서 생각해 보시면 좋겠습니다. "내가 그 아이인 거예요. 나는 오랫동안 어린이집(보통은)을 다녔고, 엄마와 오후 5시 이후에만 만났습니다. 다른 애들은 엄마들이 일찍 와서 데리고 가기도 하고 그러는데 말이죠. 그런데 드디어 나는 엄마 학교에 들어왔어요. 손을 뻗으면 엄마가 있고, 엄마한테 자꾸 가고도 싶고, 응석도 부리고 싶다구요!" 선생님이나 제가 그 아이라도 그렇게 되지 않을까요? '내가 이렇게 행동하면 엄마나 돌봄선생님이 속상하실 거야'라고 생각한다면 그건 여덟 살이 아닌 거죠. 대신 그 3학년 선생님께 말씀드리세요. 아이의 입장을 충분히 이해하고 있어서 어느 정도는 아이 편에서 저도 생각하겠지만 아이가 3학년 교실로 왔다거나 할 때는 반드시 메신저로 알려달라고요. 자꾸 아이가 없어지면 저도 또 엄마 교실에 갔나보다 하고 아

이를 찾지 않을 수도 있는 상황이 발생하니까 그것만은 꼭 지켜 달라고요. 그러면 그분도 학부모님이지만 또 선생님이시니까 이해하실 거예요.

## 주제3 돌봄선생님의 처우와 관련된 고민

여기서는 일반적인 돌봄선생님의 처우에 대한 내용을 담았습니다. 정확한 정보를 제공해 드리고 싶지만 선생님의 주당 근무시간이나 지역에 따라서 많이 다르고, 또 '처우'라는 것은 계속 변하기 때문입니다. 지금 현재 가장 확실한 정보를 원하시면 각자 근무하시는 학교의 행정실에 문의하시는 것이 좋습니다.

- 자율휴업일 근무
- 출산휴가, 육아휴직
- 연가, 병가, 공가
- 전일제·시간제 전담사의 업무분장
- 근무성적평가표 작성하기

**Q** '자율휴업일, 개교기념일, 근로자의 날' 아이들이 몇 명 나오지도 않는데 돌봄교실을 꼭 운영해야 하나요?

**A** 돌봄교실의 존재이유를 생각하시면 간단히 답이 나옵니다.

돌봄교실은 일하는 부모님을 위해 있는 곳이라고 해도 과언이 아닙니다. 우리 학교가 자율휴업일이거나 개교기념일이라도 학부모님과는 아무 상관이 없으므로 쉬는 날이 아닙니다. 그러므로 반드시 운영해야 합니다. '근로자의 날'은 우리 돌봄선생님들도 근로자이므로 쉬면 좋겠지만 또 쉬지 않는 학부모님도 계십니다. 결론은 아시다시피 돌봄교실은 365일 운영(토, 일, 법정공휴일 제외)하는 것이 원칙입니다. 하지만 굳이 위안거리를 찾자면 '자율휴업일, 개교기념일, 근로자의 날' 근무하면 1.5배의 수당을 추가로 받으십니다.

자율휴업일 전에 미리 '수요 조사'를 하셔서 그날 출석하는 학생이 적으면 근무하시는 선생님의 수를 줄이시는 것이 좋습니다. 만약 3반인데 아이들이 30명 정도 나오겠다고 수요 조사결과가 나왔다면 굳이 세 분이 나오시는 것이 아니라 두 분만 근무하시고, 아이들 등하교 시간에 맞춰 선생님의 근무시간도 조정하실 수 있습니다.

**Q** 이번에 아이가 초등학교에 들어가는데, 육아휴직을 쓸 수 있다고 들었어요. 아이 나이가 몇 살까지 육아휴직이 가능한 거예요?

**A** '출산 전후 휴가'는 출산 전후로 90일을 당연히 쓰실 수 있고, 출산휴가 기간 중 60일까지는 유급휴가입니다. '육아휴직'은 근무 연수가 1년 이상 재직자(보통은 무기계약전환자)로 만 8세 이하 또는 초등학교 2학년 이하의 자녀가 있으시면 1년 이내로 쓰실 수 있는데 분할 사용도 가능합니다. 그러니까 예를 들면 아이가 태어났을 때 6개월, 아이가 초등학교에 입학했을 때 6개월 이렇게 나눠서 사용하는 것도 가능하시다는 겁니다. 그리고 육아휴직 급여는 고용보험에서 지불하며, 출산휴가나 육아휴직으로 인한 대체인건비는 교육청에 따로 예산을 신청하셔야 지원받을 수 있습니다. 이건 선생님께서 신청하는 것이 아니고 행정실에서 알아서 처리해 주실 거예요. 혹시나 싶으시면 행정실에 가서서 말씀 드리세요.

**Q** 연가, 병가, 공가가 도대체 무슨 말이에요?

**A** 연가는 '연차유급휴가'의 줄임말로 1년간 80% 이상 출근하였으면 다음해부터 15일의 유급휴가가 부여되는 것입니다. 3년 이상 계속 근무하셨으면 2년마다 1일씩 가산됩니다(21년차 이상은 동일하게 유급휴가 25일). 예를 들어 내 연차휴가일은 16일인데 10일만 연가로 쓰셨다면 6일치 일당을 연가보상비로 2월에 지급받으십니다.

- 병가는 업무 외의 질병이나 부상, 전염병으로 다른 사람의 건강에 영향을 끼칠 우려가 있을 때 사용하는 것으로 1년에 14일까지는 유급으로 쉬실 수 있고(3일 이상은 의사의 진단서 첨부) 연간 60일의 범위에서 무급으로 사용하실 수 있습니다. 그런데 내가 단순히 아파서 출근하지 못하는 것이라면 '연가'를 먼저 사용하는 것이 좋습니다.

- 공가는 예비군 훈련 같은 동원 훈련에 참가, 공무에 의하여 국가기관에 소환, 천재지변, 교통차단 등 출근이 불가능할 때 사용하며 유급입니다.

❋ 위의 설명은 '주 40시간 이상 365일 근로자'의 경우이며, '서울시 학교회계직노동조합 단체협약서(2013. 07. 19)'의 내용을 바탕으로 한 것입니다.

**Q** 저희 학교는 전일제 전담사와 시간제 전담사가 2명 있습니다. 업무분장을 어떻게 하면 좋을까요?

**A** 지금 현재 저희 교실과 똑같은 상황이시네요. 저희 학교의 경우 전일제로 근무하는 제가 예산을 포함한 행정업무, 공문서 처리를 포함하여 우리 반에 해당하는 일을 하고, 시간제로 근무하시는 선생님들은 교실환경, 아이들 교육 등 각 반에 해당하는 일을 하십니다. 또한 '연간교육안'은 '운영계획서' 안에 포함이 되어 있어 미리 작성되어 있지만 매주 나가는 '주간계획안'의 경우 '프로그램'에 관한 부분은 각각 진행하는 것이므로 반별로 계획하여 작성합니다. 각 학교에 많아봐야 3~4명인 우리 돌봄선생님들끼리 서로 다독거려야 하는데 '업무 분장'으로 인하여 마음 상하는 일이 없으셨으면 합니다. 충분히 의논하시고 양보하시면서 일하셨으면 좋겠습니다.

**Q** 학교에서 '학교회계직원 근무성적평가표'를 작성해서 제출하라고 하네요. 막상 뭐라고 적어야할 지 막막하네요.

**A** 학교에서는 1년에 한 번(또는 학기에 한 번) 학교회계직원에 대해서 평가를 해야 하기 때문에 평가표를 작성해서 제출하라고 합니다. 업무성과서, 근무성적평정서, 자기평가서 모두 비슷한 내용입니다. 평가표를 받으시면 어려워하지 마시고, 내용을 보시고 평소하던 대로 작성하시면 됩니다. 아래 내용을 참고해 주세요.

- 업무내용 : 학생의 기본 생활습관 지도(건강, 안전, 사회성, 식사예절 등), 학생의 학습 지도(과제 지도, 보충학습, 독서교육, 놀이 지도, 프로그램 활동 등), 학부모 상담 및 만족도 조사 실시, 돌봄교실 운영계획 수립 및 행정업무처리, 보조인력관리 등
- 업무추진 실적과 성과 : 학습 부진아 방지, 나홀로 학생 교육 및 보육 지원, 사교육비 경감 및 교육복지 실현 등
- 직무수행 능력 관련 : 평정기간 동안 자격증을 땄다면 자격증을 기재하고, 연수 받은 내용이 있으면 그런 것들을 기재하여 스스로 발전사항을 작성

★ 종례시간

지영샘이 후배 돌봄선생님들께 전하고 싶은 이야기
또한 스스로에게 다짐하는 말…

- 매력적인 선생님이시면 좋겠습니다.
  아이들은 젊고 예쁜 선생님을 좋아합니다(누구나 젊고 예쁜 사람이 좋습니다).
  나이가 어려질 순 없어도 언제나 매력적인 사람은 될 수 있습니다.

- 항상 먼저 인사하시고, 웃는 얼굴, 밝은 목소리셨으면 좋겠습니다.
  예쁨 받는 아이는 예쁨 받는 행동을 합니다. 어른도 마찬가지 아닐까요?

- 당당하셨으면 좋겠습니다.
  어떻게 생각하실지 모르나 '자기 자리는 자기가 만드는 것'입니다.

- 비교하지 않으셨으면 좋겠습니다.
  자기 일을 귀하게 여기면 남들도 내 일을 귀하게 여깁니다.

- 새로운 정보는 받아들여 배우시고, 연수도 많이 받으시면 좋겠습니다.
  정보에 어두우면 도태되고, 나 스스로도 재미없고, 아이들도 시시해 합니다.

- 컴퓨터랑도 친하시면 좋겠습니다.
  앞으로는 컴퓨터와 하는 일들이 점점 더 많아질 테니까요.

- 부지런하시면 좋겠습니다.
  그래야 공부도 하고, 운동도 하시고, 취미생활도 가지십니다.
  학교 안에 있는 것이 어떨 땐 따분하고 지루한 일이기도 하거든요.

- 햇빛을 많이 보시면 좋겠습니다(호환, 마마보다도 무서운 기미와 주근깨는 피하시고~).
  나에게서 빛나는 에너지가 뿜어져 나가도록 합시다.

- 멀리 가려면 함께 가야 한다고 합니다.
  같은 학교는 물론이고, 주변의 선생님들과 자주 연락하시고, 소통하세요.
  누구든 어려운 일이 있는 것 같으면 도움 요청하기 전에 먼저 가서 도웁시다.
  우리는 먼 길을 함께 가야 하는 '아름다운 사람들'이니까요.

제가 좋아하는 '삼행시 짓기'
(요건 사행시)로
이 책을 마무리하겠습니다. ∞

**돌** : 돌봄이 필요한 아이들은 언제든 대환영입니다.

**봄** : 봄날의 따스함과 여름날의 뜨거운 열정을 가진 우리 선생님들이 있고,

**교** : 교실 문을 열면 긍정의 에너지가 넘쳐나는 활기찬 아이들이 있는 곳,

**실** : 실타래가 곱게 감겨 있듯 선생님과 아이들이 사랑으로 돌돌 어우러져 있는 곳,
　　　바로 돌봄교실!

사랑하는 선생님들!

선생님 자신이 행복해야 가정이 행복하고, 우리 교실이 행복합니다.

개인생활도 있고, 돌봄교실 아이들과 학교생활하기 힘겨울 때도 있지만,

제 주변에는 자기계발을 하며 열심히 사시는 아름다운 선생님들이 많이 계십니다.

틈틈이 그림을 그려 개인전을 열거나 국전에서 큰 상을 타신 선생님,

해외선교를 꼭 나가겠다고 외국어 공부에 열심인 선생님,

숲해설가가 되고자 공부하며 주말에는 고궁과 산으로 다니는 선생님,

아이들은 물론 동료선생님들에게 정기적으로 오카리나를 가르쳐주시면서,

돌봄교실 아이들이 부를 예쁜 노래를 만드신 선생님도 계십니다.

여기서 우리들이 함께 부르고 싶은 '돌봄교실송'을 소개하고자 합니다.

서울삼정초등학교 김혜숙 선생님이 노랫말을 짓고,

음악을 전공하는 따님 이예나 양이 곡을 만들었습니다.

● 악보 : 돌봄교실송

# 돌봄교실송

작사 : 김혜숙
작곡 : 이예나

Copyright 2014. All rights reserved.

## 초등돌봄교실운영에 기본이 되는 책

- 한국교육개발원(2012). 초등돌봄교실 안전관리 길라잡이. 교육과학기술부.
- 한국교육개발원(2012). 초등돌봄 프로그램 자료집. 연구자료CRM2012-27.
- 한국교육개발원(2014). 2014 초등돌봄교실 운영 길라잡이. 연구자료CRM2014-70.

✱ 위의 교재는 '방과후학교 포털 시스템(https://www.afterschool.go.kr/)'에서 다운로드하실 수 있습니다.

## 참고문헌

- 교육과학기술부 고시 제2011-361호[별책 2]. 초등학교 교육과정.
- 교육부(2014.02.18). '공동포럼-신학기, 수업을 바꾸자!' 자료.
- 김홍원(2013). 교육개발 2013 Autumn(ISSN 1228-291X). 초등방과후 돌봄서비스의 확대 시행과 전망. 99~105쪽
- 김홍원(2013). '엄마품 온종일 돌봄교실' 운영실태 및 개선방안. 교육정책네트워크 2013 제1호 현안보고 CP2013-02-1
- 서울특별시교육연구정보원(2014). 서울교육 제56권 통권 24호.
- 서울특별시교육연구정보원(2013-59). 프로젝트 학습과 함께 하는 행복교실.
- 서울특별시교육청 고시 제2014-6호. 서울특별시 초등학교 교육과정 편성·운영 지침.
- 서울시교육청(2010). 자기주도학습 프로그램 길라잡이(초등학교). 서울교육 2010-12.
- 한국교육개발원(2013). 교육정책포럼 통권 243호. ISSN 1739-4325.
- 권성자(2011). 메이킹북-교실 안 책만들기 활동의 실제. 아이북.
- 권오진·권기범(2008). 아빠 놀이학교. 포북(for book).
- 권혜조·전다니엘(2012). 마음코칭 미술놀이. 로그인.
- 김명신·최명혜·김명숙·이윤정·신순정·최유리(2011). 마음을 여는 초등 학급 상담. 우리교육.
- 김소연(2011). 초등학생의 발달특성인식에 따른 교사의 학급 경영 전략 연구. 서울교육대학교 석사논문.
- 김주환(2011). 회복탄력성. 위즈덤하우스
- 다나카 아스오 외(2008). 교사를 당황하게 하는 아이를 만났을 때. 한울림스페셜.

- 문순애 · 김경미(2005). 유아창작공예. 동문사.
- 박형배(2008). ADHD 학생을 돕기 위한 교사와 부모의 역할. GTI코리아.
- 박혜숙 · 김상윤(2009). 유아요가와 동작교육. 공동체.
- 배재영(2009). 생각뇌를 깨우는 그림 그리기. 미진사.
- 북스카우트(2012). 유아교사 365(1권, 2권). 북스카우트.
- 서울교대 박물관미술관교육연구소(2010). 생각을 여는 미술활동. 예경.
- 서형숙(2012). 엄마학교에 물어보세요(초등학생편). 리더스북.
- 신상훈(2011). 웃어라 학교야. 즐거운학교.
- 신재한(2013). STEAM 융합교육의 이론과 실제. 교육과학사.
- 오현숙(2000). 신나는 어린이 조형실기 교실(증보판). 예경.
- 윤정한(2013). 방과후 돌봄교실 지도자료집. 해피&북스.
- 이기숙 · 장영희 · 정미라 · 윤선화(2011). 영유아 안전교육. 양서원.
- 이내식 · 황내항(2011). 학습부진학생의 이해와 지도. 교육과학사.
- 이대희(2012). 초등학교 때 완성하는 백만불짜리 습관. 팜파스.
- 이정은(2004). 우리 아이 나쁜 버릇 바로잡기. 김영사.
- 전도근(2011). 방과후학교의 이론과 실제. 교육과학사.
- 정근주(2011). 초등학교 1학년 아동의 기본생활습관 형성방안 연구. 경인교육대학교 석사학위논문.
- 조무아(2010). 부모역할. 리더스하이.
- 조윤경(2014). '시대적 패러다임 인성과 융합! 그리고 사회' 2014 공동포럼-신학기, 수업을 바꾸자. 11~17쪽.
- 천세영 · 김진숙 · 계보경 · 정순원 · 정광훈(2012). 스마트 교육혁명. 21세기북스
- 최명선 · 김이경(2012). 공격적인 아이 이해하기. 한국학술정보(주).
- 최명선 · 정유진 · 서은미(2012). 사회성이 부족한 아이 돕기. 한국학술정보(주).
- 최명선 · 홍기묵 · 한미현(2012). 직장맘과 아이들 도와주기. 한국학술정보(주).
- 한명진 · 박미향 · 이정희 · 김민정(2013). 교사를 당황하게 하는 아이들(개정판). 학지사.
- 한정심 · 이향란 · 이정아 · 신윤정 · 손현주(2007). 현장교사를 위한 방과후 아동 지도. 태영출판사.

## 참고 사이트

- 경기도 교수학습지원센터 '책만들기' : http://school.kerinet.re.kr/educenter/bookmaking/start.html
- 기상청의 어린이 기상교실 : http://www.kma.go.kr/
- 기초학력향상지원 꾸꾸 : http://www.basics.re.kr/
- 놀이연구회 놂 : http://www.nol2i.com/
- 꾸러기들의 지킴이 예은이네 : http://picture.edumoa.com/
- 꿀맛닷컴 : http://www.kkulmat.com/
- 대전광역시교육청 방과후학교지원센터 : http://as.dje.go.kr/html/kr/
- 대한소아청소년정신의학회 : http://www.kacap.or.kr/
- 드림셀프 꿈과 음악 이야기 : http://mmilk.tistory.com/6979
- 방과후학교 포털 시스템 : https://www.afterschool.go.kr/
- 분당 아동청소년가족 상담센터 : http://cafe.naver.com/sangdam4u
- 사랑듬뿍 행복이야기 : http://sos2000.blog.me/
- 사이언스올(한국과학창의재단) : http://www.scienceall.com/
- 서울특별시교육청 방과후학교 : http://afterschool.sen.go.kr/
- 세이프키즈코리아 : http://www.safekids.or.kr/
- 쎄려니의 간단해도 폼나는 종이접기 : http://opencast.naver.com/BB710
- 소년한국일보 : http://kids.hankooki.com/
- 손상감시사업 : https://injury.cdc.go.kr/
- 아동안전사이버교육센터 : http://www.childsafedu.go.kr/
- 어린이경찰청 : http://kid.police.go.kr/
- 어린이동아 : http://kids.donga.com/
- 어린이 안전교육관 : http://www.isafeschool.com/

- 어린이안전넷 : https://www.isafe.go.kr:447
- 어린이안전학교 : http://www.go119.org/
- 여성가족부의 평등어린이세상 : http://kids.mogef.go.kr/
- 에듀넷 : http://www.edunet.net/
- 위민넷 : http://www.women.go.kr/
- 전라남도교육청 방과후학교지원센터 : http://after.afterschoolsys.net/
- 주니어네이버 : http://jr.naver.com/
- 초등아이스크림 : http://www.i-scream.co.kr/
- 초등 T-셀파 : http://e.tsherpa.co.kr/
- 케미스토리(어린이 환경과 건강포털) : http://www.chemistory.go.kr/
- 한국신문협회 : http://www.pressnie.or.kr/
- 한국아동청소년상담심리센터 : http://kccpweb.ivyro.net/
- 한국어린이안전재단 : http://www.childsafe.or.kr/
- LG사이언스랜드 : http://www.lg-sl.net/

⊙ 〔부록〕1. '초등돌봄교실 운영계획서'의 예

## 초등돌봄교실 운영계획서

○○초등학교

## Ⅰ. 목적 및 방침

### 1. 목 적

가. 방과후 초등돌봄교실의 기능을 강화하여 저소득층·한부모·맞벌이 가정 자녀 등의 건강한 성장을 돕고, 사교육비를 경감한다.

나. 지역사회 돌봄서비스 제공기관과의 협력을 통해 돌봄사각지대를 방지하고, 수요자 맞춤형 돌봄서비스를 제공한다.

다. 질높은 방과후 돌봄 서비스를 제공하여 공교육에 대한 수요자 만족도와 신뢰도를 제고한다.

### 2. 방 침

가. 수요자 요구 및 여건을 기반으로 세부 운영 규정을 정하고, 학교 운영위원회의 심의를 거쳐 학교장 중심으로 운영한다.

나. 본 학년도에는 전용교실 1학급, 겸용교실 2학급을 설치하여, 오후돌봄 및 저녁돌봄을 운영한다.

다. 돌봄 유형에 따른 시간 운영은 학교교육과정 운영 시간과 같게 하고 세부사항은 관련 협의회에서 정하고, 오후 및 저녁 돌봄 학생은 희망자 전원 수용한다.
운영상 세부 사항은 관련 규정에 따른다.

## Ⅱ. 세부 운영 계획

### 1. 운영개요

(인원수:2014.02.22일 기준)

| 운영유형 | 운영시간 | 장 소 | 대 상 | 인원(명) | 비용부담 | 비 고 |
|---|---|---|---|---|---|---|
| 오후돌봄 | 방과후 ~ 17:00 | 전용교실(1) 겸용교실(2) | 1~2학년 중 희망자 전원 | 62 | 간식 수익자 부담 (교육비지원 대상학생 무료) | 방과후 ~ 17:00 |
| 저녁돌봄 | 17:00 ~ 22:00 | 전용교실(1) | 오후돌봄학생 중 저녁돌봄 희망자 | 10 | 저녁 급식 수익자 부담 (교육비지원 대상학생 무료) | 오후 연장 |

## 2. 운영기간 및 시간

가. 운영기간(연간 4분기로 나누어 운영)

| 1기 | 2기 | 3기 | 4기 |
|---|---|---|---|
| 3.1 ~ 5.31 | 6.1 ~ 8.31 | 9.1 ~ 11.30 | 12.1 ~ 2.28 |

나. 운영시간(토, 일, 법정공휴일만 제외)

  1) 아침돌봄 : 06:30 ~ 09:00

  2) 오전돌봄 : 07:00 ~ 12:00 / 방학기간 중, 자율휴업일, 근로자의 날만 운영한다.

  3) 오후돌봄 : 방과후 ~ 17:00

  4) 저녁돌봄 : 17:00 ~ 22:00

## 3. 운영조직 및 담당

가. 돌봄교실 업무 추진 조직 구성

  돌봄전담사 → 돌봄담당교사(부장) → 행정실장(협조) → 교감 → 교장

나. 돌봄교실협의회 : 교감, 담당부장, 돌봄전담사, 학부모 2~3명이 참여하여, 식자재 및 매식 업체 선정, 유료 프로그램 선정 등 세부사항 협의 및 운영 감독 관리.

## 4. 학생선정 및 학급편성

가. 대상 학생 선정

  1) 오후돌봄은 1~4학년 학생 중 희망자 전원을 수용하며 수시입급이 가능하다.

  2) 저녁돌봄은 오후돌봄 참여 학생 중, 저소득층·한부모·맞벌이 가정 학생 중 추가 돌봄이 필요한 학생을 대상으로 한다.

  3) 참여 학생은 신청서를 제출하며, 전입생은 전입일을 기준으로 입급 할 수 있다.

4) 활동 시간에 학원 등 외부 사설업체를 이용하는 학생은 제외되나, 방과후 학교 프로그램은 이용할 수 있다.

나. 학급 편성 및 담당

1) 1개 반의 인원은 25명 이내로 구성한다.
2) 본 학년도에는 오후 돌봄 3학급, 저녁 돌봄 1학급으로 운영한다.
3) 교실별 돌봄전담사가 담당하며 대학생 자원봉사자를 보조 인력으로 활용한다.

## 5. 예산 운영

가. 모든 회계는 '국립 초·중등학교회계규칙', '공립 초·중등학교회계규칙', '사학기관 재무·회계규칙'에 따르며, 돌봄교실의 목적과 용도에 맞게 집행한다.

나. 돌봄교실 수익자경비에 대한 예산은 학교운영위원회 심의를 거쳐 결정한다.

다. 돌봄교실 세출예산 집행 잔액을 이월하여 다른 사업으로 편성, 사용함을 금지한다.

라. 가능한 집행 잔액이 남지 않도록 계획하고 운영한다.

마. 수익자부담경비는 정산하여 집행 잔액은 반환한다. 금액이 소액으로 반환하기 어려운 경우에는 학교운영위원회의 심의·자문을 거쳐 학교발전기금으로 전출하여 학생복지사업비 등으로 편성하여 사용한다.

사. 기타 자세한 내용은 학교회계처리 규정에 준한다.

## 6. 수익자 경비의 운용계획

가. 수익자 경비의 내역

나. 수익자경비는 분기별(3개월 단위)로 학교 스쿨뱅킹을 통해 자동이체 한다.

다. 전학·장기입원 등으로 인한 경비는 참여하지 못할 일수만큼 환불한다.

## 7. 간식 및 식사

가. 오후 돌봄 간식의 자체 조리는 가급적 지양하고 완제품과 반조리식품을 제공한다.

나. 석식은 보조인력을 채용하여 돌봄교실에서 조리하며 위생적인 급식이 되도록 한다. 만약 석식하는 학생이 5명 이하일 경우에는 매식으로 변경 한다.

다. 자율휴업일에는 각자 가정에서 도시락을 싸온다.

라. 방학 중 중식은 도시락이나 매식으로 한다.(각 가정에서 원하는 것으로 결정함)

마. 간식 및 매식비용은 수익자부담으로 운영하나 교육비 지원대상 학생은 무료이다.

바. 간식과 석식의 식단은 월 단위로 작성하고, 식자재는 매일 공급 받는다.

사. 정산은 월단위로 계산하며 행정실과 협의하여 구입 및 정산한다.

아. 급·간식비 환불은 학교 자체 내의 환불규정과 동일하게 적용한다.

### 8. 돌봄전담사의 운용

가. 모집 및 채용 : 학교회계직인사관리규정에 따른다.

나. 근무 관련

　1) 학교회계직인사관리규정 적용, 개인별 근로계약서 작성

　2) 관리 및 지도·감독 : 돌봄담당교사(부장), 학교장

### 9. 돌봄프로그램 운영

가. 학생들의 발달단계를 고려한 신체활동과 심성활동 중심활동으로 구성한다.

나. 모든 활동은 돌봄전담사가 임장 책임 관리한다.

다. 과제 지도, 독서 등 개인 활동과 예체능 등 단체 활동으로 구성하되, 대상 학생의 수준·특성을 고려한 수준별, 특성별 그룹을 편성하여 지도가 이루어지도록 한다.

라. 연간 돌봄활동계획 및 주간 돌봄계획안을 작성 운영한다.

　1) 돌봄교실 운영 관련 서류(일일돌봄활동 일지, 학생·학부모상담기록 등) 비치한다.

　2) 학교홈페이지, 가정통신문 등을 활용하여 돌봄교실 주간계획안을 사전에 예고한다.

마. 학생·학부모의 요구를 반영한 양질의 프로그램 기획, 운영 한다.

　1) 보육(휴식, 간식 등), 인성지도, 놀이 활동의 균형 추구 한다.

　2) 예체능 프로그램, 과제, 신체표현활동, 단체활동, EBS 방송활용학습 등을 실시한다.

　3) 안전하고 내실 있는 초등 돌봄 프로그램 운영 한다.

바. 각종 안전사고 예방교육을 월 2회 이상 실시한다.

사. 돌봄교실 운영평가는 연 2회 실시하고, 차년도 운영계획 등에 반영한다.

### 10. 학생 안전 지도 및 시설물 관리

가. 학생안전지도

　1) 돌봄프로그램에 의한 체계적인 안전 교육을 실시한다.

　2) 음식물 위생 관리 철저히 하며 특히 식중독을 예방한다.

　3) 안전한 귀가를 위한 학생별 지도방안을 학부모와 협의하여 시행한다.

　　- 학부모 동행 귀가 원칙, 학부모 요구에 의해 학교 자율의 개인별 귀가 시간 결정한다.

　4) 학생 실종 및 유괴 등의 각종 사고에 대한 예방·지도한다.

5) 경찰지구대 순찰 협조 및 학교 경비 강화, 배움터지킴이와 연계 운영한다.
　　6) 모든 시설물에 안전 표지판과 비상구 표지를 그림과 글씨로 부착하고 점검한다.
　　7) 초등돌봄교실 운영 중 학생 안전사고는 보상이 가능하다.
　　　- 근거 : 학교 안전사고 예방 및 보상에 관한 법률(제8366호)
　　　- 학교장의 관리·감독 하에 이루어지는 학교 안팎의 모든 교육활동은 학교안전 공제회의 보상 범위에 포함(2007.9.1 시행)
　나. 시설물 및 비품 등 관리
　　1) 위생적인 환경을 위하여 학교방역을 시행할 때 반드시 돌봄교실도 소독한다.
　　2) 시설물을 수시로 안전 점검하여 위험요소를 사전에 예방 한다.
　　3) 돌봄교실의 비품은 관련 규정에 따라 목록을 정하며 대장에 기입하여 관리한다.

## 11. 평가 및 환류 계획 : 차년도 계획에 반영

　가. 주기적인 모니터링 평가 및 환류 체제를 확립한다.
　　1) 방법 : 학부모 만족도 조사
　　2) 시기 : 연 2회(7월, 12월)
　　3) 활용 : 다음 학기 돌봄교실 운영에 최대한 반영한다.
　나. 주기적인 컨설팅을 실시한다.
　　1) 대상 : 돌봄교실 운영 학교
　　2) 주관 : 지역교육청
　　3) 내용 : 문제점 진단, 평가, 개선 방안 도출 및 자문, 우수사례는 일반화한다.

# Ⅲ. 교육 운영 계획

## 1. 연간 교육 계획

### 〈1학기〉

| 월 | 주제 | 주 | 소 주 제 | 업 무 지 침 |
|---|---|---|---|---|
| 3 | 학교 | 1 | 만나서 반갑습니다! | · 입학식<br>· 학부모오리엔테이션<br>· 돌봄교실운영계획서 심의<br>· 1분기 간식 · 석식비 징수 |
| 3 | 학교 | 2 | 돌봄교실에서의 하루 일과 알아보기 | |
| 3 | 학교 | 3 | 돌봄교실을 예쁘게 꾸며보기 | |
| 3 | 학교 | 4 | 모두가 행복한 돌봄교실 되려면? | |
| 4 | 봄 | 1 | 봄의 날씨에 따른 우리 생활의 변화 | · 학부모 면담 |
| 4 | 봄 | 2 | 봄의 식물 알아보기 | |
| 4 | 봄 | 3 | 봄의 만나는 동물 알아보기 | |
| 4 | 봄 | 4 | 씨앗 심고 키워보기 | |
| 5 | 가족 | 1 | 나의 이야기 | · 어린이날 행사<br>· 돌봄교실 컨설팅실시<br>(연구학교, 신규학교) |
| 5 | 가족 | 2 | 우리 가족 이야기 | |
| 5 | 가족 | 3 | 가족 속에서 나의 역할은? | |
| 5 | 가족 | 4 | 다양한 가족 이야기 | |
| 6 | 여름 | 1 | 여름의 날씨에 따른 우리 생활의 변화 | · 2분기 간식 · 석식비 징수 |
| 6 | 여름 | 2 | 건강하게 여름을 보내기 | |
| 6 | 여름 | 3 | 여름에 보는 꽃과 곤충 알아보기 | |
| 6 | 여름 | 4 | 여름철에 안전하게 놀이하기 | |
| 7 | 동물 | 1 | 내가 좋아하는 동물은? | · 여름방학계획서 심의<br>· 1차 학부모 만족도조사<br>· 여름방학 오전운영비징수<br>(매식일 경우 중식비 징수) |
| 7 | 동물 | 2 | 동물을 여러 가지 기준으로 분류해보기 | |
| 7 | 동물 | 3 | 옛날에 살던 동물 알아보기 | |
| 7 | 동물 | 4 | 동식물을 보호하자 | |
| 8 | 여름방학 | 1 | 여름방학 계획 세우기 | · 2학기 동행프로젝트신청<br>(서울시 자원봉사센터) |
| 8 | 여름방학 | 2 | 신나는 여름 방학 | |
| 8 | 여름방학 | 3 | 즐거운 여름철 놀이 | |
| 8 | 여름방학 | 4 | 2학기 계획하기 | |

〈2학기〉

| 월 | 주제 | 주 | 소 주 제 | 업 무 지 침 |
|---|---|---|---|---|
| 9 | 이웃 | 1 | 사촌보다 가까운 이웃사촌 | · 3분기 간식·석식비 징수 |
| | | 2 | 다양한 직업이 있어요 | |
| | | 3 | 우리 동네 지도 만들기 | |
| | | 4 | 함께 도우며 살아요 | |
| 10 | 가을 | 1 | 가을의 날씨에 따른 우리 생활의 변화 | · 작품전시회 참여하기 |
| | | 2 | 알록달록한 가을 나무 알아보기 | |
| | | 3 | 가을이 풍성한 이유는? | |
| | | 4 | 곡식의 여행 | |
| 11 | 우리나라 | 1 | 우리나라를 나타내는 것들 | · 4분기 간식·석식비 징수 |
| | | 2 | 우리 것이 좋은 것이야 | |
| | | 3 | 우리의 전통놀이 알아보기 | |
| | | 4 | 자랑스런 우리나라 | |
| 12 | 겨울 | 1 | 겨울의 날씨에 따른 우리 생활의 변화 | · 2차 학부모 만족도조사<br>· 겨울방학계획서 심의<br>· 겨울방학 오전운영비 징수<br>(매식일 경우 중식비 징수) |
| | | 2 | 하얀 눈을 표현하기 | |
| | | 3 | 겨울철에 안전하게 놀이하기 | |
| | | 4 | 보람되게 한 해 마무리하기 | |
| 1 | 겨울방학 | 1 | 새해가 밝았어요 | · 문화재단 신청 |
| | | 2 | 12가지 띠 알아보기 | |
| | | 3 | 설날 이야기 | |
| | | 4 | 겨울방학 마무리하기 | |
| 2 | 나의 꿈 | 1 | 꿈은 이루어진다! | · 1학기 동행프로젝트신청<br>(서울시 자원봉사센터)<br>· 신입생, 재학생 모집<br>· 수료파티 |
| | | 2 | 미래에 나는 어떤 모습일까? | |
| | | 3 | 타임캡슐 만들기 | |
| | | 4 | 한 학년 올라가면서 커지는 나의 다짐 | |

## 2. 기본생활습관 지도계획

| 월 | 주 | 활 동 주 제 | 월 | 주 | 활 동 주 제 |
|---|---|---|---|---|---|
| 3 | 1 | 질서 : 교실에서 지켜야할 규칙 알기 | 9 | 1 | 절약 : 수돗물 아껴쓰기 |
|   | 2 | 자주 : 사물함 정리하기 |   | 2 | 자주 : 규칙적인 생활하기 |
|   | 3 | 청결 : 식사 전에 손 씻기 |   | 3 | 예절 : 어른께 공수법으로 인사하기 |
|   | 4 | 배려 : 친구와 사이좋게 지내기 |   | 4 | 배려 : 친구에게 친절하기 |
| 4 | 1 | 질서 : 이 닦기 333 실천하기 | 10 | 1 | 질서 : 교통표지판 지키기 |
|   | 2 | 자주 : 가방 정리하기 |   | 2 | 자주 : 스스로 숙제하기 |
|   | 3 | 절약 : 학용품 아껴 쓰기 |   | 3 | 예절 : 국가에 대한 예절 알기 |
|   | 4 | 배려 : 부모님께 감사하는 마음 갖기 |   | 4 | 배려 : 힘들어 하는 친구 도와주기 |
| 5 | 1 | 질서 : 복도에서 뛰지 않기 | 11 | 1 | 절약 : 분리수거 하기 |
|   | 2 | 자주 : 신발을 신발장에 바르게 넣기 |   | 2 | 자주 : 안전한 음식물 골라 먹기 |
|   | 3 | 예절 : 바른 자세로 책읽기 |   | 3 | 청결 : 깨끗하고, 계절에 맞는 옷 입기 |
|   | 4 | 배려 : 동생에게 양보하기 |   | 4 | 배려 : 집안 일 돕기 |
| 6 | 1 | 질서 : 한 줄로 서고 차례 지키기 | 12 | 1 | 정직 : 거짓말 하지 않기 |
|   | 2 | 청결 : 손 씻기 365 실천하기 |   | 2 | 자주 : 스스로 공부하기 |
|   | 3 | 예절 : 욕이나 상처주는 말 안하기 |   | 3 | 예절 : 차를 타고 내릴 때 예절지키기 |
|   | 4 | 배려 : 친구와 다투었을 때 화해하기 |   | 4 | 배려 : 어려운 이웃돕기 |
| 7 | 1 | 질서 : 우측통행하기 | 1 | 1 | 자주 : 컴퓨터 정해진 시간만 하기 |
|   | 2 | 자주 : 물 아껴쓰기 |   | 2 | 자주 : 불조심 하기 |
|   | 3 | 예절 : 바른 자세로 발표하기 |   | 3 | 예절 : 세배하기 |
|   | 4 | 배려 : 선생님 돕기 |   | 4 | 절약 : 음식을 남기지 않기 |
| 8 | 1 | 질서 : 공공장소에서 질서 지키기 | 2 | 1 | 예절 : 네티켓 지키기 |
|   | 2 | 자주 : 방학계획표 짜기 |   | 2 | 자주 : 용돈 아껴쓰기 |
|   | 3 | 청결 : 항상 몸을 청결히 하기 |   | 3 | 예절 : 선생님께 감사함 표현하기 |
|   | 4 | 배려 : 친구와 인사 나누기 |   | 4 | 절약 : '아나바다 운동' 실천하기 |

## 3. 안전생활습관 지도계획

| 월 | 주 | 활동주제 | 월 | 주 | 활동주제 |
|---|---|---|---|---|---|
| 3 | 1 | 실내 : 교실에서 안전하게 생활하기 | 9 | 1 | 교통 : 자동차 보호장구 이용하기 |
| 3 | 2 | 교통 : 안전하게 등하교하기 | 9 | 2 | 보건 : 안전하게 약 복용하기 |
| 3 | 3 | 놀이 : 학용품 안전하게 사용하기 | 9 | 3 | 대인 : 하지마세요 당당하게 말하기 |
| 3 | 4 | 교통 : 신호등 없는 길 안전하게 건너기 | 9 | 4 | 놀이 : 보호 장구는 안전의 필수! |
| 4 | 1 | 실내 : 화장실 안전하게 사용하기 | 10 | 1 | 교통 : 차에 타면 안전벨트 매기 |
| 4 | 2 | 놀이 : 운동장에서 안전하게 놀기 | 10 | 2 | 환경 : 지진 발생 시 대피요령 알기 |
| 4 | 3 | 교통 : 횡단보도 안전하게 건너기 | 10 | 3 | 놀이 : 안전하게 자전거 타기 |
| 4 | 4 | 보건 : 음식물 안전하게 섭취하기 | 10 | 4 | 대인 : 길을 잃었을 때 대처요령 알기 |
| 5 | 1 | 실내 : 우측통행하기 | 11 | 1 | 교통 : 안전하게 승강기 이용하기 |
| 5 | 2 | 놀이 : 안전하게 놀이기구 이용하기 | 11 | 2 | 실내 : 집안에서 안전하게 놀이하기 |
| 5 | 3 | 환경 : 황사 발생 시 대처요령 알기 | 11 | 3 | 대인 : 유괴 예방 방법을 알기 |
| 5 | 4 | 소방 : 119에 신고하기 | 11 | 4 | 놀이 : 애완동물과 안전하게 놀기 |
| 6 | 1 | 실내 : 복도와 계단에서 질서 지키기 | 12 | 1 | 소방 : 화재 예방하기 |
| 6 | 2 | 교통 : 교통수단 안전하게 이용하기 | 12 | 2 | 실내 : 전기 안전하게 사용하기 |
| 6 | 3 | 대인 : 내 몸은 내가 지키기 | 12 | 3 | 미디어 : 컴퓨터 적정시간만 하기 |
| 6 | 4 | 환경 : 태풍 불 때 주의하기 | 12 | 4 | 환경 : 가정에서 천연세제 쓰기 |
| 7 | 1 | 교통 : 교통표지판 이해하기 | 1 | 1 | 놀이 : 겨울철 안전하게 놀이하기 |
| 7 | 2 | 보건 : 전염병 예방하기 | 1 | 2 | 실내 : 질식과 중독 예방하기 |
| 7 | 3 | 놀이 : 바퀴달린 놀이기구 안전하게 타기 | 1 | 3 | 소방 : 화상 조심하기 |
| 7 | 4 | 소방 : 불의 위험함 알기 | 1 | 4 | 미디어 : 인터넷 건전하게 사용하기 |
| 8 | 1 | 보건 : 식중독 예방하기 | 2 | 1 | 실내 : 가스 안전하게 사용하기 |
| 8 | 2 | 놀이 : 안전하게 물놀이 하기 | 2 | 2 | 보건 : 흡연과 음주의 해로움 알기 |
| 8 | 3 | 소방 : 연기 속 대피방법 알기 | 2 | 3 | 대인 : 신고하는 용기 지니기 |
| 8 | 4 | 환경 : 집중호우, 해일에 대피하기 | 2 | 4 | 미디어 : 네티켓 예절 알기 |

## 4. 일과 운영

### 가. 오후돌봄의 예

| 시간 \ 요일 | 월 | 화 | 수 | 목 | 금 |
|---|---|---|---|---|---|
| 방과후~13:00 | 출석확인, 소지품정리 ||||| 
| 13:00~14:00 | 숙제하기, 받아쓰기(1,2학년), 수학학습지 1~2장 풀기 ||||| 
| 14:00~15:00 (주제활동) | 메이킹북<br>사다리책 만들기 | 게 임<br>신문지 눈싸움 | 카프라<br>다보탑 쌓기 | 공 예<br>연필통 만들기 | 과학실험<br>화산폭발~ |
| 15:00~15:20 (간 식) | 인절미<br>유산균 음료 | 방울토마토<br>요플레 | 씨리얼<br>우유 | 찐고구마<br>쥬스 | 야채고로케<br>우유 |
| 15:20~16:00 | 휴식 및 독서 ||||| 
| 16:00~16:30 | 1학년(창의그림), 2·3·4학년(급수한자쓰기) ||||| 
| 16:30~17:00 | 바깥놀이 및 귀가 ||||| 

※ 활동내용과 순서는 변경될 수 있습니다.

- 학생의 희망에 따라 방과후학교 프로그램을 적극 권장한다.
- 17시에 오후돌봄학생은 귀가하고, 저녁돌봄학생은 전용교실로 모두 모인다.

### 나. 저녁돌봄의 예

| 시간 \ 요일 | 월 | 화 | 수 | 목 | 금 |
|---|---|---|---|---|---|
| 17:00~17:30 | 자유 선택 활동(보드게임, 칠교, 자석블럭 등) ||||| 
| 17:30~18:30 (석 식) | 현미밥<br>시금치된장국<br>호박전<br>오이무침<br>총각김치 | 보리밥<br>고등어무조림<br>메추리알조림<br>옥수수샐러드<br>배추김치 | 콩밥<br>소고기무국<br>진미채볶음<br>콩나물무침<br>총각김치 | 짜장밥<br>노란무 | 콩밥<br>어묵탕<br>임연수구이<br>구이김<br>총각김치 |
| 18:30~20:00 | 과제, 일기쓰기 및 EBS 시청 ||||| 
| 20:00~22:00 | 개별활동 및 귀가지도 |||||

# Ⅳ. 안전 운영 계획

## 1. 귀가 안전

- 돌봄교실 참여 학생의 하교는 '학부모 동행 하교'가 원칙이다.
- 학원차를 타고 귀가하는 경우 반드시 정문에서 타도록 하며, 정문에서는 '학교 보안관'이 학생이 바르게 타고 가는지 지도 한다.
- 1학년 학생은 학원차를 타거나, 반드시 학부모 또는 학부모가 지정한 사람이 하교 시킨다. (예)할머니, 고모 등
- 학원차를 타는 경우 정문까지는 대학생봉사자가 데리고 간다.
- 2,3,4학년의 경우 학원차가 오지 않는 학원을 이용하거나, 혼자 집으로 가는 경우(17시까지만)에는 반드시 학부모님께 '귀가 및 이용서약서'에 사인을 받고, 아이가 제 시간에 집으로 들어갔는지 확인하도록 자주 권고한다.
- 야간돌봄학생은 귀가 시 학부모가 매일 '귀가 일지'에 서명한다.
- 교실 출입구에는 보완을 위한 잠금장치와 인터폰 등이 설치되어 있어야 한다.
- 돌봄교실 주변과 학교 곳곳에는 CCTV가 설치되어 있어야 한다.
- 학교보안관과 연계한 순찰 및 문단속 방범시스템 이상 유무를 매일 점검한다.
- 돌봄교실 학생의 귀가 시 학부모가 안심 알리미 문자메시지를 받도록 하면 좋다.

## 2. 교실 환경 안전

| | |
|---|---|
| 위 생 | - 환기 및 청결한 관리로 학생들이 쾌적한 생활을 하도록 한다.<br>- 정기적으로 소독 및 방역을 실시한다.<br>- 쓰레기통은 1일 1회 비운다. |
| 비 품 | - 날카로운 물건(칼, 뾰족한 가위 등)은 학생 손이 닿지 않는 곳에 비치한다.<br>- 침구는 천연 소재의 것을 사용하며, 청결하게 관리한다.<br>- 교구장 아래 부분에 무거운 비품을 보관한다.<br>- 모든 교구는 날카로운 부분이나 모서리, 갈라진 곳이 없는 것을 사용한다.<br>- 교재 및 교구 구입 시 안전성이 검증된 것을 구입한다. |
| 전 기 | - 사용하지 않는 콘센트는 안전 덮개가 끼워져 있어야 한다.<br>- 벽에 설치된 전자제품은 안전하게 고정되어 있어야 한다.<br>- 퇴실 시 불필요한 전원은 차단한다. |
| 화장실 | - 화장실은 배수가 잘되고, 바닥은 항상 건조한 상태로 유지한다.<br>- 세면대는 학생의 키에 맞아야 하며 청결하게 유지한다.<br>- 칫솔은 자외선 소독기에 소독하여 보관한다.<br>- 냉·온수가 공급되어야 한다. |

## 3. 활동 안전

| | |
|---|---|
| 실내활동 | - 교재·교구의 마모나 파손 상태 및 유해 여부를 확인하여 수리 및 교체한다.<br>- 문구류를 안전하게 사용하도록 지도한다.<br>- 교실, 복도 및 계단, 화장실에서 지켜야 할 안전규칙을 지도한다. |
| 실외활동 | - 교사의 시선이 미치지 않는 구석진 장소에서 학생들이 놀지 않도록 한다.<br>- 실외 놀이 시설물이 안전 고정 및 손상이 있는지 확인하여 조치한다.<br>- 상해의 위험 요소가 있는지 확인하고 점검한다.<br>- 운동장 활동 시 안전 규칙을 사전에 지도하여 안전한 활동이 되도록 한다. |
| 체험활동 | - 사전 답사를 통해 학습장의 안전 상황 및 동선 등을 파악하여 안전 계획을 수립 한다.<br>  (전화나 인터넷 사전 조사로 대체 가능함)<br>- 버스는 등록된 차량인지, 사고에 대비한 보험에 가입되어 있는지 확인한다.<br>- 차량은 학교를 통하여 계획한다.<br>- 구급상자를 비치하고 비상연락망을 지침하며 안전사고가 발생했을 때 신속하게 대처한다.<br>- 현장 학습 시 지켜야 할 안전 활동 지도를 반드시 실시한다. |

## 4. 화재 안전

| | |
|---|---|
| 발화방지 | - 조리실의 가열 기구는 안전성이 확보되어 있어야 한다.<br>- 조리실의 가열 기구 및 화기 시설 주변에는 발화성 물질이 없어야 한다.<br>- 가스레인지 중간 밸브와 가스누설 자동차단장치가 설치되어 있어야 한다. |
| 감지·경보·소화 | - 돌봄교실에 화재감지기가 작동되고 있어야 한다.<br>- 돌봄교실에는 다른 관리실이나 교무실 등과 상호 연결되는 통신시설(인터폰 등이 설치되어 있어야 한다.<br>- 소화기는 교실 안과 밖 가까운 곳에 비치되어 있어야 한다. |
| 피난 안전성 | - 화재 등 비상시 교실문이나 창문 등으로 피난이 가능하도록 해야 한다.<br>- 피난 통로에는 피난에 방해가 되는 시설물이나 적치물이 없어야 한다.<br>- 신속한 탈출을 위해 출입문에는 잠금장치가 없어야 한다. |
| 화재대피 훈련·지도 | - 화재대피훈련은 학교 계획에 의해 실시한다.<br>- 화재대피훈련 후 안전지도의 결과를 점검하여 다음 훈련에 반영한다. |
| 화재 시 응급처치 | - 화상을 입었을 경우 응급처치 방법이 교실에 비치되어 있어야 한다.<br>- 미진한 불을 소화할 수 있도록 소화기에 사용법이 부착되어 있어야 한다. |
| 대 피 | - 화재 발생 시 대피 요령이 눈에 띄는 곳에 비치되어 있어야 한다.<br>- 비상 대피 통로는 화재 발생 시 대피하는데 적합해야 한다. |

## 5. 간식 및 급식 안전

| | |
|---|---|
| 식재료 보관 | 〈 냉장·냉동보관 〉<br>- 적정량을 보관하여 냉기순환이 원활하게 하여 적정온도 유지한다.<br>- 냉장·냉동고에 식품을 보관할 경우 반드시 그 제품의 표시사항(보관방법 등)을 확인한 후 그에 맞게 보관하며, 날짜를 붙여 놓는다.<br>- 오염방지를 위해 날 음식은 냉장실 하부, 가열조리식품은 위쪽으로 구분한다.<br>- 냉장·냉동고문의 개폐는 신속하고, 최소한으로 한다.<br>- 개봉하여 사용한 통조림류는 깨끗한 용기에 옮겨 담아 냉장 보관한다.<br><br>〈 상온 보관 〉<br>- 정해진 곳에 정해진 물품을 구분하여 보관한다.<br>- 식품과 식품이외의 것을 분리하여 보관한다.<br>- 유통기한 짧은 것부터 라벨 보이도록 진열하고, 사용한다.<br>- 식품보관 선반은 바닥, 벽으로부터 15㎝이상의 공간을 띄워 청소가 쉽게 한다.<br>- 장마철 등 온 습도가 높을 때는 곰팡이 피해를 입지 않도록 한다.<br>- 식재료는 당일 공급, 당일 조리를 원칙으로 하고 조리 전까지 냉장보관 한다.<br>- 간장, 고추장등 가공식품은 유통기한을 철저히 확인하여 보관한다. |
| 조리 | - 고무장갑을 분리하여 사용한다. (조리용-미색, 세척용-적색)<br>- 생채소는 소독제를 이용한 후 흐르는 물에서 3번 이상 헹군다.<br>- 데친 야채는 실온에 오래 방치되지 않도록 시간 조절한다.<br>- 식품의 온도가 균일하게 유지 되도록 한다.(식품의 가열 시간이 균일하게 관리)<br>- 반드시 소독된 조리기구, 소독된 조리용장갑을 사용한다.<br>- 전처리 중인 작업과 조리 작업을 병행하지 않아 교차 오염을 방지한다.<br>- 조리 시 사용하는 기구는 각 단계별로 구분되어야 한다.<br>- 모든 식품 용기는 조리대 위에 놓아 바닥의 오염물이 들어가지 않게 한다.<br>- 조리 작업 중 대화를 하거나 복장을 고치거나 머리카락, 땀 등을 만지지 않는다. |
| 배식 | - 조리된 음식물은 배식 전까지 2차 오염이 되지 않도록 뚜껑을 덮어서 보관한다.<br>- 조리된 음식을 실온에 방치하면 세균번식이 일어나기 쉬우므로 즉시 배식 한다.<br>  (볶음, 튀김등 가열 조리→2시간이내 배식, 무침등 공정 관리가 들어가는 식단<br>  →1시간반 이내 배식)<br>- 음식을 분배할 때는 반드시 손을 씻고, 위생장갑을 착용하며 청결한 장소에서 소독된 배식 도구를 사용한다. |
| 후처리 | - '보존식 냉동고'를 이용하여 7일간 보관하고, '보존식 냉동고' 청결을 유지한다.<br>- 남은 음식은 전량 폐기하는 것을 원칙으로 한다.<br>- 사용한 기구는 각각의 소독방법에 의해 소독하고 청결한 곳에 보관한다. |

## 6. 응급환자 발생시 대처요령(상황판단(check)→도움요청(call)→응급처치(care))

| | |
|---|---|
| CHECK | 1. 응급상황 여부 확인한다.<br> - 일차적인 환자의 응급상태 파악 한다.<br> - 환자수, 주변위험물 파악, 처치할 수 있는 자원 파악 한다.<br> - 최초발견자는 즉시 보건교사에게 연락을 취하고, 보건업무 담당 교사나 교직원에게 연락한다. (응급인 경우 보고와 119 도움 요청이 동시에 취해져야 한다.)<br>2. 환자상태 파악한다.<br> - 보건교사가 배치되어 있는 경우는 보건교사에게 즉시 연락을 취하거나 학교 응급사고 신고 지침에 명시되어 있는 보건업무담당교사에게 연락한다.<br> - 보건교사는 활력징후를 측정하고, 응급처치 및 이송을 준비한다.<br> - 보건교사가 없는 학교에는 「초중등교육법」제20조의 규정에 따라 교무를 통할하고, 소속 교직원을 지도·감독하는 학교장의 사무분장 권한에 의거 보건업무 담당교사를 지정, 업무 담당자는 환자상태를 판단하기 어려운 경우 119나 1339에 도 움 요청한다. |
| CALL | 3. 응급구조 요청한다.<br> - 환자의 상태가 위급하다고 판단되는 경우는 119 도움을 요청한다.<br>4. 응급환자 관리체계 가동한다.<br> - 응급환자 발견, 보고체계, 환자관리, 담당자 역할관리 및 보호자 연락 등 '응급환자 관리체계'지침에 준수하여 응급 처치와 관리를 수행한다.<br> - 학교안전사고 피해자를 교원이 긴급 이송하다 사고가 발생할 경우는 공무상 재해에 해당 「공무원연금법」제34조, 「사립학교교직원 연금법」제42조의 규정에 따라 보상한다. |
| CARE | 5. 안전한 장소로 환자 옮긴다.<br> - 가능한 경우 환자를 안전한 장소로 옮기되, 무리한 움직임을 피하고, 전문가의 응급처치 요령에 따른다.<br>6. 응급처치 시행한다.<br> - 구급차가 현장에 도착하기까지의 시간동안 응급처치가 필요한 경우는 1339 '응급의료정보센터'에 연락하여 도움을 요청하고, 전화상담원의 지시에 따르며 추후 문제 발생 시 응급처치에 따른 수행에 대한'응급의료정보센터' 에의 증빙자료를 요구하여 법적 보호를 받을 수 있다.)<br> - 119 구조대가 오기 전에 생명에 위험이 초래될 것으로 판단되는 경우, 보건 교사 및 심폐소생술 가능자가 응급처치 실시한다.<br>7. 병원으로 환자 이송한다.<br> - 학교에서 가까운 응급의료센터 및 증상에 따라 학교 협약 병원으로 또는 사전에 파악된 보호자가 원하는 병원으로 환자를 안전하게 이송한다.<br> - 학교 자체 처치 : 간단한 상해는 보건실 방문한다.<br> ▶ 귀가조치 : 장시간 안정을 요하는 경우 부모에게 연락 후 귀가 조치한다.<br>8. 기록 및 추후 결과 확인한다.<br> - 전문가 인계 및 병원 이송까지의 과정을 6하 원칙에 따라 '응급환자 기록지'에 기록·보관한다.<br> ※ 응급환자 기록지는 최소한 당해 연도 보관을 필요로 한다. |

◉ 〔부록〕 2. '학부모 오리엔테이션' PPT 자료의 예

## 2. 운영시간

- 학기 중 운영시간 : 월~금요일. 방과후~22시
- 방학 중 운영시간 : 월~금요일. 07시~22시
- 자율휴업일 : 07시~22시

* 돌봄교실은 365일(토,일,법정공휴일 제외) 같은 시간 운영합니다. 돌봄방학은 없으며, 학생들 귀가시간은 변경될 수 있습니다.

## 3. 돌봄교실 반배정

- 전용교실(1반/1층) : 22명(2,3,4학년)
- 겸용교실(2반/2층) : 40명(1학년)
  - 돌봄1실(22명) : 2,3,4학년
  - 돌봄2실(20명) : 1학년 1,2반
  - 돌봄3실(20명) : 1학년 3,4,5반

* 동학년 같은 교실로 배정하였습니다.
* 17시에 저녁돌봄학생은 모두 전용교실로!

## 4. 수익자부담경비

- 간식비(약 월 30,000원) : 학기 중 일 1,500원
- 석식비 : 월 60,000원
  * 석식하는 학생이 5명 이하 : 매식(약 월 80,000원)
- 방학 중 오전돌봄비용 : 미정(수요조사 후 결정)
- 방학 중 중식비용 : 일 4,000원 예상

  * 분기별(3개월 단위)로 스쿨뱅킹통장에서 자동이체

## 5. 돌봄교실 일과(오후)

&lt;오후돌봄&gt;
- 방과후~2시 : 숙제하기, 받아쓰기
- 2시~3시 : 주제활동(체육, 메이킹북, 미술, 전통놀이 등)
- 3시~5시 : 자유선택활동, 바깥놀이 등

&lt;저녁돌봄&gt;
- 5시30분~6시30분 : 저녁식사
- 6시30분 이후 : 일기쓰기, EBS시청, 개인활동 등

## 6. 유의사항

&lt;준비물&gt; 서류 3가지, 크레파스, 색연필, 종합장, 스켓치북
치약, 칫솔, 양치컵, 비상용 접이우산, 곽티슈, 물티슈

- 돌봄교실은 **12개월**을 다닐 수 있어야 합니다.
- 방과후 특기적성 신청 프로그램을 알려주세요.
- 여름방학 전에 방학중 중식에 대한 수요조사를 합니다.
- 결석은 반드시 사전에 알려주세요.
- 학원차는 반드시 정문에 주차하도록 해 주세요.
- 핸드폰은 바구니에 넣어 놓습니다.
- 방과후 반드시 돌봄교실로 가도록 주지시켜 주세요.

감 사 합 니 다. ^^

⊙ 〔부록〕 3. '주간계획안'의 예

# 주간교육계획안

○ ○ ○ 돌봄교실

| 기 간 | 4월5주 : 2014년 4월 28일(월) ~ 5월 2일(금) | | | | |
|---|---|---|---|---|---|
| 기본생활습관 | 복도에서 뛰지 않는다. | | | | |
| 안전생활습관 | 우측통행을 한다. | | | | |
| 시간(오후) \ 요일 | 월(28일) | 화(29일) | 수(30일) | 목(5월1일) | 금(2일) |
| 방과 후~1:00 | 소지품정리 | | | 오전:학습하기 12시:점심식사 | 소지품정리 |
| 1:00~2:00 | 숙제하기, 자유 선택 활동 | | | | 수학문제집풀기 |
| 2:00~3:00 | 메이킹북 | 클레이 | 생활체육 | 펄러비즈 | 과학실험 |
| | 집 책1 | 내가 좋아하는 동물 만들기 | 생활체육8 | 목걸이 만들기 | 하나가 된 풍선과 컵 |
| 3:00~3:20 (간식) | 피자토스트 베지밀 | 오렌지 요플레 | 초코쿠키 유산균 음료 | 간식없음 | 밀크롤인 우유 |
| 3:20~4:00 | 휴 식 및 독 서 | | | | |
| 4:00~4:30 | 1학년(창의그림), 2·3·4학년(창의그림, 급수한자쓰기) | | | | |
| 4:30~5:30 | 자유 선택 활동(보드게임, 칠교, 자석블럭 등) | | | | |
| 5:30~6:30 | 흑미밥 닭도리탕 도시락김 버섯볶음 배추김치 | 콩밥 맑은토장국 용가리치킨 감자조림 알타리김치 | 보리밥 미역국 콩나물무침 파래김자반 배추김치 | 카레라이스 알타리김치 | 흑미밥 돼지주물럭 양배추쌈 오이무침 배추김치 |
| 6:30~8:00 | 개별 활동, EBS 시청 | | | | |
| 가정통신문 | * 근로자의 날(5월1일)로 휴교지만, 돌봄교실은 정상운영 합니다.<br>오전 7시 ~ 오전 9시까지는 '돌봄1실'만 운영하오니 일찍 등교하는 학생은 돌봄1실(1층)로 보내주십시오. 또한 중식이 제공되지 않으니 등교 시에 반드시 도시락을 지참하여 보내셔야 합니다. 석식은 원래대로 제공됩니다.<br>- 준비물 : 점심도시락, 신발주머니<br><br>* 돌봄교실 교육비 지원학생 학생과 자유수강권 대상 학생에 대해서는 개별 연락을 드리며, 납부하신 '1분기 간식비'에 대해서는 환불해 드립니다.<br><br>* 개인위생수칙 : 손씻기, 눈 비비지 않기, 잠 충분히 자기, 편식하지 않기 | | | | |
| 문의전화 | ○○○ - ○○○○ | | | | |

⊙ [부록] 4. '일일운영일지'의 예

돌봄전담사 : ○ ○ ○ (인)

| 2014년 5월 2일 금요일. 수업일수( 45 ) |||||
|---|---|---|---|---|
| 기본생활습관 | 복도에서 뛰지 않는다. ||||
| 안전생활습관 | 우측통행을 습관화 한다. ||||
| 일 과 운 영 |||||
| ~(오후)1:00 | 소지품 정리 ||||
| 1:00~2:00 | 숙제하기, 받아쓰기 ||||
| 2:00~3:00 | 과학실험 - 하나가 된 풍선과 컵 ||||
| 3:00~3:20 | 간식 - 밀크롤인, 우유 ||||
| 3:20~4:00 | 독서 및 독후활동 ||||
| 4:00~5:30 | 신체활동 및 자유선택활동 ||||
| 5:30~6:30 | 석식 - 흑미밥, 돼지주물럭, 양배추쌈, 오이무침, 배추김치 ||||
| 6:30~8:00 | 개별학습 및 자유선택활동, EBS 시청 ||||
| 출 석 및 귀 가 |||||

| 번호 | 이 름 | 학년반 | 귀가방법(오후) | 비 고 | 번호 | 이 름 | 학년반 | 귀가방법(오후) | 비 고 |
|---|---|---|---|---|---|---|---|---|---|
| 1 | 김○○ | 2-1 | 4시30분(집.도보) | ○ | 12 | 하○○ | 2-4 | 4시50분(학원) | ○ |
| 2 | 박○○ | 2-1 | 4시50분(집.도보) | ○ | 13 | 김○○ | 3-1 | 4시20분(학원차) | ○ |
| 3 | 염○○ | 2-1 | 4시40분(학원차) | ○ | 14 | 조○○ | 3-1 | 4시30분(학원차) | ○ |
| 4 | 김○○ | 2-2 | 4시30분(학원) | ○ | 15 | 최○○ | 3-1 | 4시20분(학원) | ○ |
| 5 | 송○○ | 2-2 | 4시(집.도보) | ○ | 16 | 곽○○ | 3-2 | 4시20분(학원차) | ○ |
| 6 | 안○○ | 2-2 | 4시40분(학원차) | ○ | 17 | 서○○ | 3-2 | 4시20분(학원차) | ○ |
| 7 | 박○○ | 2-3 | 3시20분(학원차) | ○ | 18 | 진○○ | 3-2 | 4시40분(학원차) | 엄마가3시에 데리러오심 |
| 8 | 서○○ | 2-3 | 4시20분(학원차) | ○ | 19 | 황○○ | 3-3 | 5시(학원차) | ○ |
| 9 | 유○○ | 2-4 | 3시20분(학원차) | ○ | 20 | 김○○ | 3-4 | 4시30분(학원차) | ○ |
| 10 | 윤○○ | 2-4 | 5시(집.도보) | ○ | 21 | 황○○ | 4-3 | 5시(학원차) | ○ |
| 11 | 표○○ | 2-4 | 4시20분(학원차) | ○ | 22 | 김○○ | 4-5 | 4시20분(학원) | ○ |
| 출결사항 | 돌봄1실 총 원 : 22(명) |||| 출 석 | · || 결 석 | 22 |

| 저녁 돌봄 학생 귀가(1학년) |||||||||
|---|---|---|---|---|---|---|---|---|
| 번호 | 이 름 | 귀가방법(오후) || 비 고 | 번호 | 이 름 | 귀가방법(오후) | 비 고 |
| 1 | 김○○ | 5시40분(학원차) || ○ | 4 | 강○○ | 7시~8시(어머니) | 7시30분 |
| 2 | 노○○ | 5시40분(학원차) || ○ | 5 | 서○○ | 7시~8시(부모님) | 7시25분 |
| 3 | 정○○ | 7시~7시30분(할머니) || 7시5분 | 6 | 이○○ | 7시~8시(부모님) | 7시50분 |
| 상담/특별사항 | **어머니와 통화(**가 자꾸 엎드려있고 의욕이 없어 보여 통화함-늦게 잠) ||||||||
| 일 과 평 가 | 오늘 과학실험을 하는데 뜨거운 물과 얼음물이 필요했다. 뜨거운 물은 정수기에서 금방 받았는데, 얼음물은 얼음을 미리 얼려놓지 않아 부족하여 차가워지지 않아 좀 당황하였다. 과학실험은 전날이나 그 이전에 미리 미리 준비해야겠다. ||||||||

◉ 〔부록〕 5. '여름방학계획서'의 예

## 돌봄교실 여름방학 운영안내

○ ○ ○ ○ 돌봄교실

**1. 목 적** : 2014.7.28.(월) ~ 8.27.(수)
- 돌봄교실은 학기 중과 똑같이 방학 없이 운영됩니다.(토, 일, 법정공휴일 제외)

**2. 운영 시간** : 7:00 ~ 20:00

**3. 교실 운영**

| 시 간 | 돌봄 1실 | 시 간 | 돌봄 2실 |
|---|---|---|---|
| 7:00~9:00 | 돌봄 1실에서 통합 운영 - ☆☆☆(오전돌봄강사) | | |
| 9:00~12:00 | ☆☆☆(오전돌봄강사) | 9:00~13:00 | ◎◎◎(돌봄시간제전담사) |
| 12:00~20:00 | ○○○(돌봄전담사) | 13:00~17:00 | □□□(돌봄시간제전담사) |

- 오전7시~9시까지는 돌봄1실(1층)만 운영하니 9시 이전 등교는 1실로 보내주세요.

**4. 일과 운영**

| 활동시간 | 활 동 | 내 용 |
|---|---|---|
| 7:00~11:00 | 등교 및 학습지도 | ·수학 - 문제집 2장 풀기<br>·국어(1학년) - 바른글씨체<br>·국어(2,3,4학년) - 나의생각글쓰기 |
| 11:00~12:00 | **주제활동. 1** (다음 쪽 '특강계획안'에 기재) | |
| 12:00~13:00 | 중식 후 이 닦기 / 독서 | |
| 13:00~14:00 | EBS 시청 | |
| 14:00~15:30 | **주제활동. 2** (다음 쪽 '특강계획안'에 기재) | |
| 15:30~16:30 | 개별학습 | ·영어 15분 듣기<br>·한컴타자 15분 연습하기<br>·급수 한자 익히기 |
| 16:30~17:30 | 자유선택활동 - 보드게임, 칠교, 자석블럭 등 | |
| 17:30~18:30 | 석식 후 이 닦기 / 독서 | |
| 18:30~20:00 | 개별학습 및 자유선택활동 | |

**5. 유의사항**
- 돌봄교실 여름방학 중식 배달 업체는 '＊＊도시락(＊＊＊)'입니다.
  여름휴가 등으로 결석할 경우 3일 전에 교사에게 알려주시면 먹지 않은 도시락 개수 만큼 방학이 끝나고 일괄 환불해 드립니다.(하루·이틀 전 취소는 환불 안됨)
- 방학 중에는 신발주머니에 실내화만 넣고 다닙니다.
- 에너지절약으로 실내온도는 26℃로 유지될 예정이니 시원하게 입혀서 보내주세요.

# 여름방학 특강계획안

|  | 월 | 화 | 수 | 목 | 금 |
|---|---|---|---|---|---|
|  | 7월28일 | 29일 | 30일 | 31일 | 8월1일 |
| 주제1 | 안전교육<br>- 전염병 예방하기 | NIE<br>- 한글로 티셔츠 꾸미기 | 펄러비즈<br>- 목걸이 만들기 | 동요배우기<br>- 말로해도 되는데 | 클레이<br>- 시원한 바다 |
| 주제2 | 스포츠스태킹1 | 과학실험<br>- 프로펠러 날리기 | 생활체육1 | 위그선 만들기 | 메이킹북<br>- 부채책 |
|  | 8월4일 | 5일 | 6일 | 7일 | 8일 |
| 주제1 | 안전교육<br>- 식중독 예방하기 | NIE<br>- 신문기사를 읽고… | 플레이콘<br>- 꽃거울 | 동요배우기<br>- 예쁘지 않은 꽃은 없다 | 클레이<br>- 여름과일 |
| 주제2 | 스포츠스태킹2 | 과학실험<br>- 풍선은 왜? | 생활체육2 | 태양광 모형 만들기 체험 | 메이킹북<br>-마법의 주문책 |
|  | 11일 | 12일 | 13일 | 14일 | 15일 |
| 주제1 | 안전교육<br>- 태풍 불 때 주의하기 | NIE<br>- 더운 여름을 시원하게! | 펄러비즈<br>- 열쇠고리 만들기 | 동요배우기<br>- 다섯 글자 예쁜말 | 광복절 |
| 주제2 | 스포츠스태킹3 | 과학실험<br>- 물에 뜨는 것과 가라앉는 것 | 생활체육3 | 스템플러 비행기 |  |
|  | 18일 | 19일 | 20일 | 21일 | 22일 |
| 주제1 | 안전교육<br>- 내 몸은 내가 지키기 | NIE<br>- 신문기사를 읽고… | 펄러비즈<br>- 메모지 꽂이 만들기 | 동요배우기<br>- 노을 | 클레이<br>- 귀여운 동물 |
| 주제2 | 스포츠스태킹4 | 과학실험<br>- 실전화기 만들기 | 생활체육4 | 고무줄 발사 권총 | 메이킹북<br>- 텐트책 |
|  | 25일 | 26일 | 27일 |  |  |
| 주제1 | 안전교육<br>- 안전하게 자전거 타기 | NIE<br>- 만화에 말풍선을 채우자 | 요리활동<br>- 수박우유화채 | ♥ | ♥ |
| 주제2 | 스포츠스태킹5 | 과학실험<br>- 불꽃 살리기 | 생활체육5 |  |  |

# 여름방학 식단표

|  | 월 | 화 | 수 | 목 | 금 |
|---|---|---|---|---|---|
|  | 7월28일 | 29일 | 30일 | 31일 | 8월1일 |
| 중식 | 버섯불고기도시락 | 닭강정도시락 | 함박오므라이스 | 제육볶음도시락 | 치킨마요도시락 |
| 석식 | 현미밥<br>두부된장국<br>시금치무침<br>버섯볶음<br>배추김치 | 야채볶음밥<br>물김치 | 보리밥<br>어묵탕<br>야채샐러드<br>불고기<br>배추김치 | 현미밥<br>미역냉국<br>옥수수계란말이<br>떡갈비<br>알타리김치 | 오징어덮밥<br>배추김치 |
|  | 8월4일 | 5일 | 6일 | 7일 | 8일 |
| 중식 | 버섯산채도시락 | 언양불고기도시락 | 김치볶음밥도시락 | 수작돈까스<br>도시락 | 참치마요도시락 |
| 석식 | 흑미밥<br>햄김치찌개<br>어묵볶음<br>도시락김<br>배추김치 | 콩나물비빔밥<br>알타리김치 | 보리밥<br>시금치된장국<br>콩나물무침<br>용가리치킨<br>배추김치 | 현미밥<br>참치샐러드<br>김치전<br>파래김자반<br>알타리김치 | 짜장밥<br>노란무 |
|  | 11일 | 12일 | 13일 | 14일 | 15일 |
| 중식 | 제육볶음도시락 | 함박오므라이스 | 참치김치도시락 | 치킨마요도시락 | 광복절 |
| 석식 | 흑미밥<br>콩나물냉국<br>버섯볶음<br>콘샐러드<br>배추김치 | 하이라이스<br>알타리김치 | 보리밥<br>어묵탕<br>감자전<br>애호박볶음<br>배추김치 | 현미밥<br>계란북어국<br>소시지야채볶음<br>메추리알조림<br>알타리김치 |  |
|  | 18일 | 19일 | 20일 | 21일 | 22일 |
| 중식 | 언양불고기도시락 | 데미커리도시락 | 수작돈까스도시락 | 김치볶음밥<br>도시락 | 닭강정도시락 |
| 석식 | 흑미밥<br>순두부찌개<br>어묵볶음<br>야채계란말이<br>배추김치 | 김치볶음밥<br>노란무 | 보리밥<br>소고기미역국<br>두부조림<br>동그랑땡<br>배추김치 | 현미밥<br>돈육김치찌개<br>용가리치킨<br>콘샐러드<br>배추김치 | 카레라이스<br>알타리김치 |
|  | 25일 | 26일 | 27일 |  |  |
| 중식 | 버섯불고기도시락 | 함박오므라이스 | 참치마요도시락 |  |  |
| 석식 | 흑미밥<br>감자국<br>치킨너겟<br>파래김자반<br>배추김치 | 삼계탕 | 보리밥<br>소고기무국<br>시금치무침<br>멸치볶음<br>알타리김치 | ♥ | ♥ |

● 위 식단은 식재료 구입 사정에 의해 변경될 수 있습니다 ●